Fazenda Pública e **Questões Processuais**

www.editorasaraiva.com.br/direito
Visite nossa página

Organização: CADIP – Centro de Apoio ao Direito Público

Coordenação: Ricardo Mair Anafe

Fazenda Pública e Questões Processuais

Uma visão de magistrados

Artur Marques da Silva Filho
Eurípedes Gomes Faim Filho
Eutálio José Porto de Oliveira
José Maria Câmara Júnior
Luiz Sergio Fernandes de Souza
Ricardo Cintra Torres de Carvalho
Ricardo Henry Marques Dip
Tasso Duarte de Melo
Vicente de Abreu Amadei
Wanderley José Federighi

CADIP
CENTRO DE APOIO AO DIREITO PÚBLICO

saraiva jur

saraiva EDUCAÇÃO | saraiva jur

Av. Paulista, 901, Edifício CYK, 3º andar
Bela Vista – SP – CEP 01310-100

SAC | sac.sets@saraivaeducacao.com.br

Diretoria executiva	Flávia Alves Bravin
Diretoria editorial	Ana Paula Santos Matos
Gerência editorial e de projetos	Fernando Penteado
Novos projetos	Dalila Costa de Oliveira
Gerência editorial	Isabella Sánchez de Souza
Edição	Deborah Caetano de Freitas Viadana
Produção editorial	Daniele Debora de Souza (coord.) Rosana Peroni Fazolari
Arte e digital	Mônica Landi (coord.) Camilla Felix Cianelli Chaves Claudirene de Moura Santos Silva Deborah Mattos Guilherme H. M. Salvador Tiago Dela Rosa
Projetos e serviços editoriais	Daniela Maria Chaves Carvalho Kelli Priscila Pinto Marília Cordeiro Nicoly Wasconcelos Razuk
Projeto gráfico e diagramação	Mônica Landi
Revisão	Viviane Oshima
Capa	Deborah Mattos
Produção gráfica	Marli Rampim Sergio Luiz Pereira Lopes
Impressão e acabamento	

DADOS INTERNACIONAIS DE CATALOGAÇÃO NA PUBLICAÇÃO (CIP)
VAGNER RODOLFO DA SILVA - CRB-8/9410

F287

Fazenda Pública e questões processuais: uma visão de magistrados / Artur Marques da Silva Filho ... [et al.] ; coord. Ricardo Mair Anafe. - São Paulo : Saraiva Educação, 2021.
192 p.

ISBN 978-65-5559-799-8

1. Direito. 2. Direito Processual Civil. 3. Processo Civil. 4. Processo Tributário. 5. CPC/2015. 6. Fazenda Pública. I. Silva Filho, Artur Marques da. II. Anafe, Ricardo Mair. III. Título.

2021-1652 CDD 341.46
CDU 347.9

Índices para catálogo sistemático:

1. Direito Processual Civil 341.46
2. Direito Processual Civil 347.9

Data de fechamento da edição: 2-7-2021

Dúvidas? Acesse www.editorasaraiva.com.br/direito

CL 606607 CAE 773321

COORDENAÇÃO E APRESENTAÇÃO

RICARDO MAIR ANAFE

Desembargador do Tribunal de Justiça do Estado de São Paulo, com assento na 13ª Câmara de Direito Público. É formado em Direito pela Pontifícia Universidade Católica de São Paulo, turma de 1981. Ingressou na Magistratura em 1985 como Juiz Substituto na 5ª Circunscrição Judiciária, com sede em Jundiaí. Também atuou nas Comarcas de Santa Fé do Sul, Cruzeiro, Mogi das Cruzes e em São Paulo. É Desembargador desde 2008, havendo presidido a Seção de Direito Público do Tribunal de Justiça de São Paulo no biênio 2014/2015.

PREFÁCIO

GETÚLIO EVARISTO DOS SANTOS NETO

Presidente da Seção de Direito Público do Tribunal de Justiça do Estado de São Paulo no biênio 2018/2019. Formou-se pela Faculdade de Direito da Universidade de São Paulo, turma de 1973. Em 1976 iniciou a carreira na Magistratura, nomeado Juiz Substituto da 34ª Circunscrição Judiciária, com sede em Piracicaba. Ao longo da carreira, também atuou em Paraibuna, São Vicente e São Paulo. No ano de 1987, foi eleito Juiz Substituto na classe de Juiz de Direito do Tribunal Regional Eleitoral. Em 1993, foi promovido a Juiz do Tribunal de Alçada Criminal, assumindo o cargo de Desembargador do Tribunal de Justiça do Estado de São Paulo em 2002.

SOBRE OS AUTORES

ARTUR MARQUES DA SILVA FILHO

Vice-Presidente do Tribunal de Justiça do Estado de São Paulo no biênio 2018/2019. Formou-se pela Faculdade de Direito Padre Anchieta de Jundiaí, turma de 1976. É Especialista em Direito Processual Penal (1977) e em Direito Público (1981) pela Pontifícia Universidade Católica de São Paulo, Doutor pela Universidade de São Paulo (1994) e Livre-Docente pela Universidade Estadual Paulista (2001). Ingressou na Magistratura em 1978, atuando nas Comarcas de Miracatu, Rancharia, Campinas, Jundiaí e São Paulo. Passou a integrar o 2º Tribunal de Alçada Civil em 1994. Foi vice-presidente da Associação Paulista de Magistrados no biênio de 1998/1999 e presidente em 2001/2002. Promovido a Desembargador do Tribunal de Justiça do Estado de São Paulo no ano de 2005, foi eleito membro do Órgão Especial em 2009 e reeleito em 2011. Presidiu a Seção de Direito Privado do Tribunal de Justiça de São Paulo no biênio 2014/2015.

EURÍPEDES GOMES FAIM FILHO

Juiz de Direito Substituto em Segundo Grau, integrando a 15ª Câmara da Seção de Direito Público. Ingressou na Magistratura em 1989, como Juiz Substituto na 51ª Circunscrição Judiciária, com sede em Caraguatatuba. Também atuou nas Comarcas de Apiaí, Presidente Venceslau, São Vicente e Jacareí. Doutor e Mestre em Direito pelo Departamento de Direito Econômico, Financeiro e Tributário da Faculdade de Direito do Largo de São Francisco da Universidade de São Paulo. Professor e Coordenador de cursos de pós-graduação da Escola Paulista da Magistratura. Professor da Escola Superior do Ministério Público do Estado de São Paulo, da Advocacia Geral da União e da Procuradoria Geral do Estado de São Paulo. Membro do Núcleo de Planejamento e Gestão do Tribunal de Justiça do Estado de São Paulo por duas gestões. Ex-professor da Faculdade de Direito da UNESP (1988/1989) e de outras instituições de ensino superior. Autor de livros e artigos.

EUTÁLIO JOSÉ PORTO DE OLIVEIRA

Desembargador do Tribunal de Justiça de São Paulo, com assento na 15ª Câmara de Direito Público. Mestre em Teoria Geral do Estado pela PUC-SP e Especialista em Filosofia e Teoria Geral do Direito pela USP.

JOSÉ MARIA CÂMARA JÚNIOR

Desembargador do Tribunal de Justiça do Estado de São Paulo, com assento na 8ª Câmara de Direito Público. Doutor e Mestre em Direito Processual Civil pela Pontifícia Universidade Católica de São Paulo. Coordenador da área de Direito Processual Civil da Escola Paulista da Magistratura. Professor da Graduação, e Coordenador e Professor do Curso de Especialização em Direito Processual Civil da Pontifícia Universidade Católica de São Paulo.

LUIZ SERGIO FERNANDES DE SOUZA

Desembargador com assento na 7ª Câmara de Direito Público do Tribunal de Justiça do Estado de São Paulo. Mestre e Doutor em Direito (USP). Professor Assistente-Doutor da PUC/SP, onde leciona nos cursos de graduação e pós-graduação. Especialista em Ciência Política pela UnB, publicou os livros *O papel da ideologia no preenchimento das lacunas no direito* (2. ed., RT, SP, 2018) e *Abuso do direito processual: uma teoria pragmática* (2. ed., Curitiba, Juruá, 2019). Autor de diversos artigos publicados em periódicos e jornais, integra o conselho editorial da Revista Eletrônica *Sapere Aude.*

RICARDO CINTRA TORRES DE CARVALHO

Desembargador do Tribunal de Justiça de São Paulo, com assento na 10ª Câmara de Direito Público. Bacharel em Direito pela USP (1976). Ingressou na magistratura paulista em 1983 e foi promovido a Desembargador em 2005.

RICARDO HENRY MARQUES DIP

Desembargador do Tribunal de Justiça de São Paulo, de cuja Seção de Direito Público foi Presidente no biênio 2016/2017, com assento na 11ª Câmara de Direito Público. Bacharel em Direito pela Faculdade de Direito da Pontifícia Universidade Católica de São Paulo e, em Jornalismo, pela Faculdade de Comunicação Social Cásper Líbero. Mestre em Função Social do Direito pela Faculdade Autônoma de Direito. É membro fundador do Instituto Jurídico Interdisciplinar da Faculdade de Direito da Universidade do Porto (Portugal). É acadêmico de honra da Real de Jurisprudencia y Legislación de Madri (Espanha). É diretor da Seção de Estudos de Direito Natural do Consejo de Estudios Hispánicos Felipe II, de Madri e membro do Conselho de Redação de sua revista Fuego y Raya, revista hispanoamericana de história e política. É membro do comitê científico do Instituto de Estudios Filosóficos Santo Tomás de Aquino, de Buenos Aires. Integra o Conselho Acadêmico da Seção de Filosofia do Direito de El Derecho: Diário de Doctrina y Jurisprudencia, sob a rubrica da Universidade Católica Argentina. É membro do Conselho Editorial da Revista de Direito Notarial, editada pelo Colégio Notarial do Brasil. É membro de honra do CENoR, da Faculdade de Direito da Universidade de Coimbra. É membro da Academia Peruana de História. É titular da cadeira n. 12 da Academia Brasileira de Direito Registral Imobiliário e da cadeira n. 23 da Academia Notarial Brasileira. Autor de vários livros e artigos publicados no Brasil e no exterior.

TASSO DUARTE DE MELO

Desembargador do Tribunal de Justiça do Estado de São Paulo, com assento na 12ª Câmara de Direito Privado. Compôs a 2ª Câmara Reservada de Direito Empresarial de 2012 a 2015. Mestre em Direito Político e Econômico pela Universidade Presbiteriana Mackenzie. Professor de Cursos de Pós-graduação nas disciplinas Direito Processual Civil e Direito do Consumidor. Membro eleito do Conselho Consultivo e de Programas da Escola Paulista da Magistratura. Coordenador do Centro Judiciário de Solução de Conflitos e Cidadania de Segunda Instância (CEJUSC). Membro do Núcleo Permanente de Métodos Consensuais de Solução de Conflitos (NUPEMEC). Foi Coordenador da Área de Direito do Consumidor da Escola Paulista da Magistratura. Ex-Presidente da Junta Comercial do Estado de São Paulo e do Tribunal Arbitral do Comércio do Estado de São Paulo.

VICENTE DE ABREU AMADEI

Desembargador do Tribunal de Justiça do Estado de São Paulo, com assento na 1ª Câmara de Direito Público. Professor/palestrante em curso de extensão e de especialização em Direito Notarial e Registral, Imobiliário, Urbanístico e Ambiental Urbano em diversas instituições (vf. COGEAE-PUC-SP, Escola Paulista de Magistratura, SECOVI-SP, UNIREGISTRAL). Membro da Academia Brasileira de Direito Registral Imobiliário (ABDRI) e da Academia Notarial Brasileira (ANB).

WANDERLEY JOSÉ FEDERIGHI

Desembargador do Tribunal de Justiça do Estado de São Paulo, com assento na 18ª Câmara de Direito Público. Doutor e Mestre em Direito pela Faculdade de Direito da Universidade de São Paulo (USP). Bacharel em Direito pela mesma Faculdade. Membro da Academia Paulista de Direito e da Academia Paulista de Magistrados.

SUMÁRIO

PREFÁCIO

Honrado com o convite para prefaciar essa obra coletiva, lembro ter o trabalho ora apresentado nascido da preocupação de Magistrados dessa Corte em discutir temas de Direito Processual Civil e suas implicações no âmbito da Fazenda Pública, vindo a lume o resultado desse esforço, em dez artigos que ora se juntam.

Os temas Execução Individual em Ação Coletiva de Servidores Públicos, Princípio da Conexão, Princípio da Escritura e Poderes Instrutórios do Juiz no Processo Civil Brasileiro, A Interpretação do Ônus da Prova no Processo Tributário e a Inversão contra a Fazenda Pública, A Fazenda em Juízo: Reflexões sobre a Concessão de Liminar e a Cominação de *Astreintes*, O Código de Processo Civil e os Desafios da Jurisdição: As Expectativas em Torno do *Juiz Hércules*, A Competência do Juizado Especial da Fazenda Pública: Anotações, Da Segurança Jurídica e o Processo Civil, A Coisa Julgada na Ação Popular. Breves Notas, A Competência em Ações Ajuizadas contra Estado ou o Distrito Federal e Apontamentos sobre a Intimação da Fazenda Pública por meio do Portal Eletrônico nas Ações de Execução Fiscal, livremente escolhidos por seus autores (ARTUR MARQUES DA SILVA FILHO, EURÍPEDES GOMES FAIM FILHO, EUTÁLIO JOSÉ PORTO DE OLIVEIRA, JOSÉ MARIA CÂMARA JÚNIOR, LUIZ SERGIO FERNANDES DE SOUZA, RICARDO CINTRA TORRES DE CARVA-

LHO, RICARDO HENRY MARQUES DIP, TASSO DUARTE DE MELO, VICENTE DE ABREU AMADEI e WANDERLEY JOSÉ FEDERIGHI, respectivamente), os quais, pelos notórios conhecimentos jurídicos dispensam maior apresentação, enfrentam ângulos diversos, autônomos, sem repetir assunto, revelando o enorme campo de tangência entre o direito processual e as peculiaridades da Fazenda Pública.

Em cada capítulo, a matéria proposta foi tratada com conhecimento, proficiência, habilidade e profundidade, predicados, dentre tantos outros, reconhecidos a cada um dos autores. Com toque pessoal e esmero, buscaram viés pragmático, com questionamentos, propostas ou conclusões, provocando o leitor, desafiando seu raciocínio, levando-o à aquiescência ou à divergência. Em síntese, cada autor cumpriu com o papel de qualidade conferido à obra, que, na minha modesta opinião, é o de estimular o leitor a pensar, conduzindo-o a juízo crítico a respeito do tema examinado.

Ao final de cada artigo, consta lista das obras citadas, proposta a servir de ponto de partida para os que desejarem se aprofundar no assunto.

Resta cumprimentar a cada um dos envolvidos pela participação no resultado final que ora se apresenta e esperar que este trabalho sirva de incentivo, ou desafio, a outros vindouros, como forma de reunir Magistrados Paulistas e outros estudiosos do Direito.

São Paulo, Natal de 2019.

Getúlio Evaristo dos Santos Neto

APRESENTAÇÃO

Como Coordenador do Centro de Apoio do Direito Público - CADIP, tenho a elevada honra de apresentar a coletânea *Fazenda Pública e questões processuais. Uma visão de magistrados*, resultado de muito estudo e troca de ideias entre magistrados, cuja formação e experiência pautam um trabalho primoroso, que visa enriquecer os debates acerca de temas extremamente relevantes do ordenamento jurídico.

O entusiasmo, seguido da preocupação com eventuais dúvidas que poderiam advir com o novo Código de Processo Civil, motivou a formação de um grupo de Desembargadores interessados em estudar e escrever sobre as novas questões processuais envolvendo a Fazenda Pública.

Logo nos primeiros encontros para o estudo das novidades constantes no novo diploma legal, o Desembargador Luiz Sérgio Fernandes de Souza, integrante da 7ª Câmara de Direito Público desta Corte, apresentou especial inquietação sobre a interpretação a ser dada ao art. 52, parágrafo único, do CPC de 2015 - que estabelece a competência do foro do autor quando demandado o estado ou o Distrito Federal. Resolvemos, assim, nos reunir para uma discussão mais aprofundada sobre o mencionado artigo. Estavam presentes comigo os Desembargadores Getúlio Evaristo dos Santos Neto, Vicente de Abreu Amadei, Claudio Augusto Pedrassi, Eduardo Cortez de Freitas Gouvêa, Ricardo Cintra Torres de Carvalho, Luiz Sergio Fernandes de Souza, Ana Luiza Liarte, Sidney Romano dos Reis, Julio Cesar Spoladore Dominguez, Afonso de Barros Faro Jr. e Wanderley José Federighi. Decidimos, por unanimidade, pela prevalência da interpretação restritiva do art. 52, para que seja aplicado nos limites do território do respectivo estado ou Distrito Federal.

Diante das excelentes observações jurídicas apresentadas, surgiu a ideia de elaboração de um trabalho doutrinário que contribuísse para a reflexão daqueles que, por dever de ofício, lidam com o processo. Formalizamos, então, um convite para que todos os integrantes da Seção de Direito Público desta Corte, interessados em colaborar com o enriquecimento desta coletânea, apresentassem seus textos.

Agradeço, assim, aos colegas magistrados que participaram ativamente nos grupos de estudo e aos que nos honraram com o brilhantismo das obras apresentadas para integrarem esta coletânea e aproveito o ensejo para saudar, em especial, o Excelentíssimo Senhor Desembargador Getúlio Evaristo dos Santos Neto, Ilustre Presidente da Seção de Direito Público do Tribunal de Justiça do Estado de São Paulo, que nos honra com seu impecável prefácio, e os Desembargadores Artur Marques da Silva Filho (Vice-Presidente do Tribunal de Justiça do Estado de São Paulo), Eurípedes Gomes Faim Filho, Eutálio José Porto de Oliveira, José Maria Câmara Júnior, Luiz Sergio Fernandes de Souza, Ricardo Cintra Torres de Carvalho, Ricardo Henry Marques Dip, Tasso Duarte de Melo, Vicente de Abreu Amadei e Wanderley José Federighi, magistrados extremamente preocupados com a decisão justa e de acordo com as leis e os princípios constitucionais.

São Paulo, 15 de janeiro de 2020.

Des. Ricardo Mair Anafe

EXECUÇÃO INDIVIDUAL EM AÇÃO COLETIVA DE SERVIDORES PÚBLICOS

Artur Marques da Silva Filho

SUMÁRIO: 1. Introdução - 2. Direitos transindividuais e direitos individuais homogêneos - 3. Execução individual de sentença genérica e ilíquida - 4. Conclusão.

1. Introdução

O Poder Judiciário, tradicionalmente habituado a resolver conflitos intersubjetivos, está no centro de um fenômeno social em que o indivíduo deixou de ser o principal irradiador de direitos e obrigações. Surgiu um novo modelo de organização social, por meio do qual o cidadão comum passa a ser representado por associações, sindicatos, sociedades mercantis, partidos políticos, pelo Ministério Público, pela Defensoria, dentre outras entidades e agremiações legitimadas pelo Direito para agir em nome de uma determinada coletividade.

Nesse sentido, é pertinente a observação do Ministro Ricardo Lewandowski, quando ressalta que:

> [...] a participação popular atualmente não ocorre mais apenas a partir do indivíduo, do cidadão isolado, ente privilegiado e até endeusado pelas instituições político-jurídicas do liberalismo. O final do século XX e o século XXI certamente entrarão para a História como épocas em que o indivíduo se eclipsa, surgindo em seu lugar as associações, protegidas constitucio-

nalmente, que se multiplicam nas chamadas "organizações não governamentais"[1].

Nessa mesma direção, Ada Pellegrini Grinover, a respeito do modelo processual brasileiro, já se posicionou, afirmando:

> De um modelo processual individualista a um modelo social, de esquemas abstratos a esquemas concretos, do plano estático ao plano dinâmico, o processo transformou-se de individual em coletivo, ora inspirando-se no sistema das *class actions* da *common law*, ora estruturando novas técnicas, mais aderentes à realidade social e política subjacente[2].

Da perspectiva da prestação jurisdicional, pode-se comprovar o fenômeno acima descrito tanto a partir da valorização dos precedentes por meio das súmulas, dos incidentes de resolução de demandas repetitivas, da repercussão geral, do controle concentrado de constitucionalidade - institutos por meio dos quais é possível uniformizar decisões e ampliar-se a segurança jurídica - quanto do aperfeiçoamento do processo coletivo a partir da definição dos chamados direitos transindividuais e dos individuais homogêneos, que aglutinam interesses propiciando uma resposta uniforme por parte do Estado-Juiz.

2. Direitos transindividuais e direitos individuais homogêneos

Feitas essas observações gerais, que servem de pano de fundo para a análise do tema proposto, deve-se iniciar o debate da questão ora proposta relembrando-se, inicialmente, as ponderações do Ministro Teori Zavascki ao estabelecer a distinção, do ponto de vista do direito material, entre os direitos transindividuais (difusos e coletivos) e os direitos individuais homogêneos:

> Direitos difusos e coletivos são, portanto, direitos subjetivamente transindividuais (sem titular individualmente determinado) e materialmente indivisíveis. A sua titularidade múltipla,

---

1 Reflexões em torno do princípio republicano. *Revista da Faculdade de Direito da Universidade de São Paulo*. São Paulo, v. 100, p. 195, 2005.

2 *A marcha do processo*. Rio de Janeiro: Forense, 2000. p. 18.

> coletiva e indeterminada é que caracteriza a sua transindividualidade. Afirma-se, por isso, que 'direito coletivo' é designação genérica para as duas modalidades de direitos transindividuais: o difuso e o coletivo *stricto sensu*.
>
> Por outro lado, os direitos individuais homogêneos são, simplesmente, direitos subjetivos individuais. A qualificação de homogêneos não altera nem pode desvirtuar essa sua natureza. O qualificativo é destinado a identificar um conjunto de direitos subjetivos individuais ligados entre si por uma relação de afinidade, de semelhança, de homogeneidade, o que propicia, embora não imponha, a defesa coletiva de todos eles. Para fins de tutela jurisdicional coletiva, não faz sentido, portanto, sua versão singular (um único direito homogêneo), já que a marca da homogeneidade supõe, necessariamente, uma relação de referência com outros direitos individuais assemelhados[3].

A mesma lição pode ser extraída de artigo publicado por Juliana Cordeiro de Faria e Humberto Theodoro Junior:

> Interesses ou direitos difusos, na dicção da Lei n. 8.078/90, são os 'transindividuais', de natureza indivisível, de que sejam titulares pessoas indeterminadas e ligadas por circunstâncias de fato (inc. I). Coletivos, por sua vez, são os transindividuais, de natureza indivisível, de que seja titular grupo, categoria ou classe de pessoas ligadas entre si ou com a parte contrária por uma relação jurídica base (inc. II). E, por último, os individuais homogêneos, que não se apresentam nem como transindividuais nem indivisíveis, são os decorrentes de origem comum (inc. III)[4].

Ainda na mesma direção, Ada Pellegrini Grinover assevera que:

> Em contrapartida, nos interesses individuais homogêneos, conduzidos coletivamente por força da origem comum, cada membro do grupo é titular de direitos subjetivos clássicos, divisíveis por natureza, tanto assim que cada um pode levar a

3 STF, RE n. 631.111/GO, Rel. Min. Teori Zavascki, j. 07/08/2014, *Dje* 30/10/2014.

4 A ação coletiva ajuizada por associação civil na defesa de direitos individuais homogêneos e a sentença genérica: a problemática da execução coletiva. In: *Processo civil: novas tendências* - em homenagem ao Ministro Sálvio de Figueiredo Teixeira. Belo Horizonte: Del Rey, 2011. p. 493.

juízo a sua demanda a título individual. E no processo coletivo, a solução não é necessariamente igual para todos, uma vez que cada qual pode ver sua demanda acolhida ou rejeitada por circunstâncias pessoais. Cuida-se agora de um feixe de interesses que podem ser tratados coletivamente, firme restando a coexistência da tutela tradicional, a título individual. Se se tratasse de litisconsórcio, estaríamos perante o litisconsórcio comum e facultativo.

Justamente por isso, José Carlos Barbosa Moreira acentuou que os interesses difusos e coletivos são ontologicamente coletivos, enquanto os interesses individuais homogêneos se apresentam como coletivos apenas acidentalmente"[5].

Dessa maneira, diferentemente do amálgama que impõe a indivisibilidade aos direitos difusos e coletivos *stricto sensu*, a união de interesses no caso dos direitos individuais homogêneos depende da vontade e da conveniência dos seus titulares, o que, no entanto, não desobriga o magistrado de dar tratamento jurídico uniforme à querela, uma vez verificada a causa comum.

Já da perspectiva do direito processual e mais especificamente da legitimação para a propositura da ação coletiva, o saudoso Ministro Teori Zavascki prossegue afirmando que:

> Assim, no que se refere ao regime de legitimação ativa: em relação à tutela de direitos transindividuais, cujos titulares são indeterminados, a legitimação ativa será necessariamente em regime de substituição processual, tanto na fase cognitiva quanto na fase executiva; (b) a execução jamais será em benefício individual, mas em favor de um Fundo. Todavia, em se tratando de tutela de direitos individuais homogêneos: (a) a legitimação ativa é em regime de substituição processual apenas na fase em que se busca uma sentença genérica; a fase de cumprimento dessa sentença se dá, em regra, por regime de representação; (b) a execução é promovida em favor do titular do direito individual. Quanto ao procedimento, os direitos transindividuais são tuteláveis em procedimento semelhante ao comum ordinário, de cognição completa e integral, que resulta, não em sentença genérica, mas em sentença específica, dirimindo por completo a controvérsia.

5 Op. cit., p. 20.

> Já os direitos individuais, para serem tutelados coletivamente, devem ser submetidos a procedimento cuja cognição será, em maior ou menor medida, mas necessariamente, repartida em duas fases distintas: uma para as questões jurídicas que permitem tratamento jurídico uniforme (núcleo de homogeneidade) e que trará como resultado uma sentença genérica; outra para as questões particulares e diferenciadas de cada titular do direito individual tutelado (margem de heterogeneidade).
>
> Nos direitos transindividuais, independentemente de quem seja o substituto processual autor, a existência de duas ou mais ações decorrentes de causa única importa litispendência ou continência: o direito tutelado, que é indivisível, será o mesmo em todas elas, assim como as mesmas serão as partes da relação material (o beneficiado, embora indeterminado e indeterminável, é, em todas as ações, a mesma comunidade de pessoas).
>
> Já em se tratando de direitos individuais homogêneos a situação é completamente diferente. A pluralidade de ações, embora com causa comum e até mesmo quando movidas por um único substituto processual, não tem necessariamente o mesmo objeto e nem os mesmos beneficiados, já que o direito tutelado é, por natureza, divisível, comportando individualizações materiais ou subjetivas. Isso significa dizer que entre as várias ações coletivas não há necessariamente relação de litispendência ou de continência, mas sim de conexão ou de prevenção. Essas circunstâncias, como se percebe, determinam a necessidade de tratamento diferente no que se refere às regras de competência[6].

Note-se, portanto, que, em razão das características do direito material, a substituição processual no caso de direitos transindividuais mantém-se estável e necessária tanto na fase de conhecimento quanto na fase de execução, porquanto esta ocorrerá em benefício de todos, coletivamente, e os valores arrecadados serão destinados a um determinado Fundo.

Por outro lado, no caso de direitos individuais homogêneos, aglutinados no polo ativo por litisconsórcio constituído pela conveniência de seus titulares, esse fenômeno não se verifica, uma vez que a própria natureza do direito material em debate leva, em tese,

6 STF, RE n. 631.111/GO, Rel. Min. Teori Zavascki, j. 07/08/2014, *Dje* 30/10/2014.

à liquidação individual de sentenças genéricas proferidas na fase de conhecimento.

Daí por que é firme a jurisprudência do Supremo Tribunal Federal no sentido de admitir a execução individual de sentença transitada em julgado proferida em ação coletiva. Com efeito, por ocasião do julgamento do ARE 904.542/PR, o Ministro Celso de Mello, mencionando ensinamento de Mônica Cecílio Rodrigues[7], ressaltou o seguinte:

> [...] A sentença, em ações coletivas, esclarecerá os direitos e as obrigações, reconhecendo o dano, declarará a coletividade prejudicada, determinará o nexo causal e, por via de consequência, condenará o responsável ao dever de indenizar, às vezes, não determinando o '*quantum*'; e, se for o caso de ressarcimento, a direito individual homogêneo, caberá liquidação e execução individual da sentença coletiva, como permitem os arts. 97 e seguintes da Lei n. 8.078/1990.

Essa mesma linha de raciocínio foi adotada no Recurso Extraordinário 925.754/PR com repercussão geral reconhecida (Tema 873), de relatoria do Ministro Teori Zavascki, cuja ementa é a seguinte:

> EMENTA: ADMINISTRATIVO E PROCESSUAL CIVIL. RECURSO EXTRAORDINÁRIO COM AGRAVO. EXECUÇÃO INDIVIDUAL DE SENTENÇA PROFERIDA EM AÇÃO COLETIVA PROPOSTA CONTRA A FAZENDA PÚBLICA. PAGAMENTO POR MEIO DE REQUISIÇÃO DE PEQUENO VALOR - RPV. INEXISTÊNCIA DO FRACIONAMENTO DE QUE TRATA O § 8º DO ART. 100 DA CONSTITUIÇÃO. REPERCUSSÃO GERAL CONFIGURADA. REAFIRMAÇÃO DA JURISPRUDÊNCIA.
>
> 1. Não viola o art. 100, § 8º, da Constituição Federal a execução individual de sentença condenatória genérica proferida contra a Fazenda Pública em ação coletiva visando à tutela de direitos individuais homogêneos.

---

7 Da inadequação do artigo 475-B do Código de Processo Civil para cumprimento individual de determinadas sentenças coletivas. In: *Repertório de Jurisprudência IOB*, vol. III/681, São Paulo: IOB, n. 21, 2010.

> 2. Agravo conhecido para negar provimento ao recurso extraordinário, com o reconhecimento da repercussão geral do tema e a reafirmação da jurisprudência sobre a matéria[8].

Assim, ficou definitivamente assentada a tese de que não viola o art. 100, § 8º, da Constituição Federal a execução individual de sentença condenatória genérica proferida contra a Fazenda Pública em ação coletiva visando à tutela de direitos individuais homogêneos.

3. Execução individual de sentença genérica e ilíquida

Ocorre que os precedentes referidos acima não trataram de uma questão de ordem eminentemente prática - decorrente da execução individual de sentença genérica e ilíquida em ação coletiva envolvendo direitos individuais homogêneos de servidores públicos -, muito bem ilustrada em acórdão da lavra do Desembargador Ponte Neto, integrante da 8ª Câmara de Direito Público do Tribunal de Justiça de São Paulo na Apelação 1007639-29.2019.8.26.0053, cujo trecho essencial reproduzo abaixo:

> Como se sabe, nas execuções de servidores contra as Fazendas Públicas (Municipal e Estadual), há duas fases: a primeira, a execução para a obrigação de fazer, consistente no apostilamento dos títulos a fim de que se anotem nos prontuários dos servidores o que foi decidido no título judicial, implantando o

8 Ainda neste sentido foram citados na referida decisão diversos precedentes, tais como os seguintes: ARE 907.796-AgR/PR, Rel. Min. GILMAR MENDES, Segunda Turma, *Dje* de 18/11/2015; ARE 909.573-AgR/PR, Rel. Min. EDSON FACHIN, Primeira Turma, *Dje* de 12/11/2015; ARE 907.796-AgR/PR, Rel. Min. GILMAR MENDES, Segunda Turma, *Dje* de 18/11/2015; ARE 909.573-AgR/PR, Rel. Min. EDSON FACHIN, Primeira Turma, *Dje* de 12/11/2015; RE 803.697-AgR/MA, Rel. Min. ROBERTO BARROSO, Primeira Turma, *Dje* de 27/10/2015; ARE 907.799-AgR/PR, Relª. Minª. CÁRMEN LÚCIA, Segunda Turma, *Dje* de 9/10/2015; ARE 904.542-AgR/PR, Rel. Min. CELSO DE MELLO, Segunda Turma, *Dje* de 22/10/2015; RE 803.697-AgR/MA, Rel. Min. ROBERTO BARROSO, Primeira Turma, *Dje* de 27/10/2015; ARE 907.799-AgR/PR, Relª. Minª. CÁRMEN LÚCIA, Segunda Turma, *Dje* de 09/10/2015; ARE 904.542-AgR/PR, Rel. Min. CELSO DE MELLO, Segunda Turma, *Dje* de 22/10/2015; RE 860.965-AgR-segundo/DF, TEORI ZAVASCKI, Segunda Turma, *Dje* de 01/6/2015; ARE 904.863-AgR/PR, Rel. Min. DIAS TOFFOLI, Segunda Turma, julgado em 10/11/2015 e ARE 904.880/PR, Relª. Minª. ROSA WEBER, *Dje* de 06/10/2015.

> benefício concedido; a segunda, a obrigação de pagar, quando se faz a liquidação do valor devido.
>
> A primeira fase, necessariamente, deve anteceder a segunda, posto que sem ela não há como se ter o termo final dos cálculos de liquidação, tornando a execução infinita e em prejuízo da credora, posto que, enquanto não implantado o benefício reconhecido judicialmente, o servidor não o recebe em sua folha de pagamento, cuja situação fica em aberto até a data do apostilamento.
>
> Uma vez apostilados os títulos, julgada extinta esta fase da execução (obrigação de fazer), inicia-se a fase de liquidação (pagamento), sendo que nesta há a necessidade da vinda aos autos dos informes do órgão responsável pela efetivação dos pagamentos mensais realizados, posto que somente a própria empregadora tem condições de apresentar os dados corretos para fins de elaboração dos cálculos de liquidação, observando-se eventuais pagamentos de adiantamentos de vencimentos, descontos previdenciários, diferenças de gratificações, férias, e outros dados relativos às suas vidas funcionais.
>
> E, finalmente, somente após terminada esta fase da execução é que é possível a apresentação dos cálculos de liquidação, elaborados com base nos informes, para que se dê início à execução para a obrigação de pagar (art. 534 do CPC). E nem há que se alegar que esta obrigação é dos credores, posto que é a Fazenda quem detém os dados atualizados e corretos para o cumprimento do julgado, não podendo escusar-se em fornecê-los, sob pena de requisição judicial, nos termos do artigo 438 do Código de Processo Civil. Portanto, não se mostra possível iniciar a obrigação de pagar se ainda não há o apostilamento do título, tendo em vista que os cálculos devem ser realizados adotando-se como termo inicial a data correspondente ao lustro anterior ao ajuizamento da demanda e, como termo final, o apostilamento, sem o qual o torna-se inexequível.

No caso em apreço, a ação foi ajuizada pelo Sindicado dos Servidores da Saúde de São Paulo para o recálculo do adicional temporal por tempo de serviço, cumprindo-se salientar que a sentença produzida nas circunstâncias indicadas acima precisaria ser integrada em uma primeira fase da execução pelo apostilamento, ou seja, pela observância da obrigação de fazer consistente na inserção dos parâmetros objetivos nos registros funcionais para que possa produzir efeitos concretos, autorizando-se as assim denominadas habilitações pessoais para o recebimento de valores.

Em palavras descongestionadas, partindo-se da prolação de sentença declaratória genérica, que fixou, abstratamente, a responsabilidade do Estado, tem-se que avançar por etapa obrigatória que fixe concretamente a obrigação de fazer (arts. 536 e seguintes do Código de Processo Civil), com vistas a que, posteriormente, seja possível exigir do Estado - no caso, da Fazenda Pública - o cumprimento da obrigação de pagar quantia certa (arts. 534 e seguintes do referido diploma legal) por meio de habilitações individuais.

Dessa maneira, a execução é bifronte, cuidando na primeira etapa de resquício do *an debeatur*, ou seja, dos contornos da dívida que será executada na fase subsequente, com vistas a definir-se a quem pagar, o que pagar e o quanto pagar.

Nesse sentido, é precisa a lição de Juliana Cordeiro de Faria e Humberto Theodoro Junior:

> Consoante se observa, a tutela coletiva dos direitos individuais homogêneos não enseja a prolação de uma sentença condenatória nos moldes das ações individuais para tutelar os mesmos direitos. Nas ações individuais, a sentença, na fase cognitiva, acerta todos os elementos do *an debeatur*, para condenar ao ressarcimento de valores líquidos ou ilíquidos. Nesta última hipótese, a fase de liquidação se destina apenas a apurar o *quantum debeatur*, pois todos os demais elementos da obrigação, inclusive sua existência, restam acertados na fase de cognição. Vale dizer: Acerta-se a quem pagar, o que pagar, como pagar e eventualmente o quanto pagar, podendo esse último ser objeto de definição na fase de liquidação.
>
> Na defesa molecular dos direitos individuais homogêneos - que na sua essência são divisíveis - para facilitar o acesso criou-se a sentença genérica, de cunho essencialmente declaratório e que soluciona uma lide abstrata, criando como resposta uma hipótese também abstrata. Logo, na fase de acertamento (cognitiva) e exatamente com o intuito de abreviá-la ao máximo tornam-se irrelevantes debates sobre os aspectos concretos relativos a cada um dos titulares dos direitos individuais substituídos na ação. Não se destina, portanto, à investigação e solução das situações individuais concretas, mas de uma hipótese abstratamente considerada.

> Sob este aspecto e para que se dê efetividade à tutela coletiva de direitos individuais homogêneos, torna-se imperativo que o procedimento se desenvolva, pelos legitimados, na qualidade de substitutos, sem que seja preciso identificar as situações concretas individuais e discuti-las previamente. Vale dizer: a fase cognitiva não se destina à solução das pretensões individualmente consideradas. Nesta fase, apenas se fixa a existência de uma hipotética responsabilidade por um dano meramente possível.
>
> [...]
>
> Ao final do procedimento não terá o juiz, quando prolatar a sentença genérica, condições de definir a quem pagar, o que pagar e quanto pagar.
>
> [...]
>
> Sob este aspecto, tem-se que o sistema coletivo de tutela dos direitos individuais homogêneos encontra na sentença genérica um instrumento para sua viabilização porquanto dispensa na primeira fase que os legitimados do art. 81 do CDC tenham que delimitar todas as situações subjetivas individuais tuteladas, com o que se abrevia a prestação jurisdicional cujo produto será um preceito declaratório abstrato e hipotético ao mesmo tempo em que facilita o exercício dos direitos pelos verdadeiros titulares que, na liquidação, terão reduzido o espectro de discussão. Outrossim, o modelo de preceito genérico traçado como resultado da atuação dos legitimados ativos permite que se respeite a autonomia dos indivíduos na fase de subsequente[9].

Ora, se é assim, a dispersão da ação coletiva que tem por objeto direitos individuais homogêneos de servidores públicos nas condições indicadas acima não deve ocorrer no início da primeira fase da execução, em que serão ainda definidos alguns resíduos do *an debeatur*, devendo-se manter a integridade do polo ativo para que seja possível proferir decisão linear e geral para todos os integrantes do litisconsórcio, que, a partir de então, poderão habilitar-se individualmente para o recebimento do que lhes é devido.

Nesse diapasão, é pedagógica a lição de Humberto Theodoro Junior ao classificar a sentença produzida nestas condições como declaratória, e não propriamente condenatória, já que decide uma

---

9 Op. cit., p. 504-506.

lide em tese, fixando abstratamente a responsabilidade do réu em relação aos fatos abstratamente narrados, ou seja, fixa um preceito abstrato e aberto, não sendo tecnicamente condenatória, de acordo com o renomado autor[10].

Se é assim, para que se possa efetivamente executar a condenação, é preciso criar, na linguagem do ilustre mestre, "as condições para se exigir o cumprimento de uma prestação igualmente determinada ou determinável e que, até então, era totalmente imprecisa, incerta e indeterminada"[11].

A rigor, essa tese já havia sido tangenciada em acórdão da lavra do Ministro Teori Zavascki no REsp 487.202/RJ, proferido por ocasião da sua passagem pelo Superior Tribunal de Justiça. Com efeito, após afirmar que as situações de iliquidez na fase de execução de sentenças em ações coletivas são de variado grau, o Ministro salientou que o título judicial apto à execução deve conter afirmação a respeito de cinco pontos, a saber:

> (1) ser devido (*an debeatur*);
>
> (2) a quem é devido (*cui debeatur*);
>
> (3) quem deve (*quis debeat*);
>
> (4) o que é devido (*quid debeatur*);
>
> (5) em que quantidade é devido (*quantum debeatur*).
>
> Nas ações coletivas em exame, só há decisão sobre:
>
> (a) o "ser devido" - o *an debeatur* genérico; e
>
> (b) sobre "quem deve" - o *quis debeat*.

Nesse sentido, consideradas as peculiaridades do caso concreto do recálculo dos adicionais temporais de servidores públicos analisado pelo Tribunal de Justiça Bandeirante, é preciso sublinhar que as questões jurídicas a serem definidas nessa primeira fase devem ter tratamento jurídico uniforme - como se ainda estivéssemos na fase de conhecimento - considerando-se para tanto o "núcleo de homogeneidade" da demanda, na feliz expressão cunhada pelo Ministro Teori Zavascki.

---

10 Op. cit., p. 503.

11 Op. cit., p. 510.

In casu, mantendo-se o litisconsórcio íntegro nessa primeira fase da execução, o juiz deverá decidir, de modo uniforme, quais gratificações deverão ser averbadas nos registros funcionais de todos aqueles que pertençam à mesma categoria do funcionalismo público.

Nesse particular, são esclarecedoras as ponderações de Aluisio Gonçalves de Castro:

> Pessoas em situações fáticas absolutamente idênticas, sob o ponto de vista do direito material, recebem tratamento diferenciado diante da lei, decorrente tão somente da relação processual. O direito processual passa a ter, assim, caráter determinante e não apenas instrumental. E, sob o prisma do direito substancial, a desigualdade diante da lei torna-se fato rotineiro e não apenas esporádico, consubstanciando, portanto, ameaça ao princípio da isonomia[12].

De fato, a execução individual apresentada diretamente a partir do título executivo judicial coletivo genérico pode levar a decisões contraditórias sobre as referidas verbas, assim como sobre os marcos temporais a serem considerados, aos juros e à correção monetária incidentes, ao universo subjetivo de beneficiados, dentre outras matérias, tudo a recomendar a manutenção do litisconsórcio, ao menos nessa primeira fase da execução coletiva, visando, assim, a garantir maior segurança jurídica, a evitar eventuais distorções entre os beneficiados caso essas execuções individuais, ainda não liquidadas, viessem a ser decididas por juízos diversos.

Nesse diapasão, Camilo Zufelato adverte que

> Se já recebia críticas o sistema de liquidação e execuções individuais de condenação coletiva, pois impacta nos custos do processo e da gestão do Poder Judiciário como um todo, pior ainda é em se tratando da necessidade de ação de conhecimen-

---

12 Ações coletivas: meios de resolução coletiva de conflitos no direito comparado e nacional. São Paulo: Revista dos Tribunais, 2014, p. 42 *apud* NUNES, Ana Luisa Tarter; BESSA, Leonardo Roscoe. Direitos metaindividuais: direitos materialmente coletivos e direitos processualmente coletivos. *Revista do Direito do Consumidor*, São Paulo: Revista dos Tribunais, ano 26, v. 111, maio/jun. 2017.

to, ao que se soma o potencial aumento de julgamentos díspares sobre o mesmo direito[13].

Na mesma linha, destaca Sérgio Cruz:

> A solução brasileira de execução individual de sentença coletiva - isso se fosse uma só - já recebe críticas por estimular o ingresso individual em juízo, redundando em aumento de custas em todos os sentidos, inclusive do poder judiciário[14].

Assim, tecnicamente é razoável afirmar que a fase de conhecimento se prorroga, permanecendo hígida a substituição processual dos legitimados extraordinários. Nessa direção, deve-se trazer à colação trecho paradigmático da lição de Humberto Theodoro Junior a respeito do tema:

> O objeto da liquidação nas Ações Coletivas para a defesa dos direitos individuais homogêneos com sentença genérica é, destarte, amplo no sentido de não apenas contemplar a apuração do *quantum debeatur*, mas ainda de promover o acertamento do *an debeatur* concreto (- cada indivíduo) precisando os titulares cujas situações se subsumem na declaração abstrata e genérica da sentença. A liquidação nas ações coletivas, na espécie, representam a complementação do conteúdo declaratório da sentença genérica com a individualização das situações concretas tuteladas, gerando o título condenatório. Antes da liquidação, consoante se observou, não há condenação e, portanto, não há um comando do qual emana uma obrigação certa, líquida e exigível.
>
> Pode-se afirmar que, a exemplo do que ocorre no processo individual, a liquidação não se insere no processo executivo, nem é incidente deste. É incidente *post-decisorio* do processo de conhecimento, ou se configura como processo condenatório

---

13 A utilização das associações no processo coletivo e tentativa de desfazimento de um grave mal-entendido na jurisprudência do STF e STJ: ainda o tema dos limites subjetivos da coisa julgada, *Revista de Processo.* São Paulo: Revista dos Tribunais, ano 42, v. 269, p. 381, jul. 2017.

14 *A tutela coletiva de interesses individuais*: para além da proteção dos interesses individuais homogêneos. São Paulo: Revista dos Tribunais, 2013. p. 55.

complementar (processo de conhecimento, portanto) para que se forme o título executivo judicial[15].

Ora, se o que continua em curso é o próprio processo de conhecimento, e não execução *stricto sensu*, havendo ainda decisões de mérito importantes a serem proferidas nessa primeira fase, mostra-se também sob essa perspectiva inviável a promoção individual da integração de sentença declaratória genérica obtida por uma entidade de representação coletiva (associação ou sindicato).

Ademais, se a parte não pode figurar individualmente no polo ativo da ação de conhecimento porque a titularidade ativa está reservada aos entes coletivos, também nessa fase de acertamento da sentença não se mostra possível a promoção individual da demanda.

Nesse sentido, vide a lição de Gelson Amaro de Souza:

> Ao cuidar da hipótese de litisconsórcio na ação coletiva, não nos parece da melhor técnica a textura do art. 103, em seu § 2º do Código de Defesa do Consumidor. Adverte Rocha (1996) que há impropriedade técnica na Lei no 8.078/1990, art. 103, § 2º, o qual possibilita a propositura de ação de indenização a título individual por parte dos interessados que não intervieram na qualidade de litisconsortes, na ação para a tutela de interesses individuais homogêneos, que foi julgada improcedente, como será demonstrado.
>
> No dizer do autor citado, erro técnico reside no fato de que como a pessoa física, individual, não pode ser parte principal no polo ativo da demanda em razão da ação civil pública, por impossibilidade jurídica da demanda em razão da parte, decorre que não pode ser litisconsorte. Procura embasar sua opinião em doutrina abalizada e assim se expressa, forte em Dinamarco, que explica que o litisconsórcio é uma situação que existe entre duas ou mais pessoas quando são autores ou réus no mesmo processo, sendo o traço característico do litisconsórcio essa presença simultânea de pessoas que, de alguma forma, adquiriram a qualidade de autores ou réus no mesmo processo, e deste fato deriva que, sem que sejam autores ou alvo de uma pretensão efetivamente deduzida em juízo, aquele que ingres-

---

15 Op. cit., p. 511.

sa no processo não se torna parte principal, ou seja, não é litisconsorte[16].

Confira-se, ainda a respeito do tema, o seguinte precedente da lavra do Ministro Sepúlveda Pertence:

> Recurso extraordinário: descabimento: preclusão do fundamento infraconstitucional - limites subjetivos da coisa julgada - suficiente à manutenção do acórdão recorrido: incidência, *mutatis mutandis*, do princípio da Súmula 283. 2. Substituição processual: assente a jurisprudência do STF no sentido de que não se exige, em caso de substituição processual, a autorização expressa a que se refere o artigo 5º, XXI, da CF/88 (*v. g.* RE 193.382, Plenário, 28/08/1998, *DJ* 20/09/1996).
>
> **No caso, não exigível a autorização expressa para a propositura da ação, não há que se fazer a exigência para a respectiva execução de sentença, bastando que a pretensão do exequente se compreenda no âmbito da eficácia subjetiva do título judicial executado[17].** (grifo nosso)

Em adendo aos argumentos expostos acima, deve-se considerar que, do ponto de vista da celeridade da prestação jurisdicional, vários benefícios podem ser apontados, como a utilização de ato de caráter geral a beneficiar o conjunto dos exequentes por parte da Administração, como, por exemplo, uma instrução normativa, um parecer normativo ou outra espécie de ato administrativo de alcance geral utilizado pela Administração para liquidar a sentença do ângulo da obrigação de fazer.

A propósito, Antônio Gidi ressalta que:

> O objetivo mais imediato das ações coletivas é o de proporcionar eficiência e economia processual, ao permitir que uma multiplicidade de ações individuais repetitivas em tutela de uma mesma controvérsia seja substituída por uma única ação coletiva[18].

---

16 Coisa julgada e execução individual na ação coletiva. *Repertório de Jurisprudência IOB*, São Paulo: IOB, 1ª Quinzena de Setembro, n. 17, p. 545, 2010.

17 STF, RE 436.047-AgR/PR, Rel. Sepúlveda Pertence, j. 26/04/2005.

18 A *class action* como instrumento de tutela coletiva dos direitos: as ações coletivas em uma perspectiva comparada. São Paulo: Revista dos Tribunais,

O referido método de acertamento das sentenças coletivas declaratórias genéricas poderia ainda permitir à administração que programasse os desembolsos do ponto de vista orçamentário, com economia para os cofres públicos, negociando e liquidando passivos por meio do pagamento voluntário, sem a necessidade de utilizar o sistema de precatório, o que, em termos de funcionalismo público, também poderia significar um expressivo incentivo em tempos de crise econômica e de impossibilidade orçamentária de se realizar a revisão geral anual a que alude o art. 37, X, da Constituição Federal.

Evita-se assim duas ordens de problemas bem identificados na lição de Camilo Zufelato, *verbis*:

> A busca pela efetividade de duas ordens: uma normativa, com a edição de normas que atentam contra a organicidade do microssistema, e outra jurisprudencial. Esta última, na maioria das vezes, em decorrência de uma hermenêutica baseada em cânones individualistas que se mostraram incompatíveis com os escopos maximizadores próprios do processo coletivo. Esses retrocessos impostos ao processo coletivo atuam, sobretudo, na fragmentação da coisa julgada proveniente de um julgamento coletivo, que impede a utilização ampliada - *inter alios* - dos beneficiários do comando condenatório[19].

O mesmo autor ressalta, ainda, o seguinte:

> No campo da tutela coletiva, qualquer obstáculo que implique desvios no curso natural dos efeitos do julgado, desvirtuando desarrazoadamente aquele que é o único critério de aferição dos limites subjetivos - a situação concreta posta em juízo ou, em outras palavras, a extensão do direito material tutelado, representado pelo objeto do processo - acarretará prejuízos na boa prestação jurisdicional, excluindo da tutela estatal sujeitos interessados na decisão, o que, por consequência, configura

---

2007, p. 25-26 *apud* NUNES, Ana Luisa Tarter; BESSA, Leonardo Roscoe. Direitos metaindividuais: direitos materialmente coletivos e direitos processualmente coletivos. *Revista do Direito do Consumidor, São Paulo:* Revista dos Tribunais, ano 26, v. 111, maio/jun. 2017.

19 *A utilização das associações no processo coletivo e tentativa de desfazimento de um grave mal-entendido na jurisprudência do STF e STJ:* ainda o tema dos limites subjetivos da coisa julgada, *Revista de Processo.* São Paulo: Revista dos Tribunais, ano 42, v. 269, p. 378, jul. 2017.

ato de inconstitucionalidade em razão de ferir o amplo acesso à tutela jurisdicional[20].

4. Conclusão

De posse de todo esse repertório, deve-se retornar ao caso concreto para enaltecer a solução alvitrada pelo Tribunal de Justiça do Estado de São Paulo nos seguintes termos:

> Destarte, como outrora mencionado, não concluída a obrigação de apostilar com o efetivo pagamento das vantagens nos termos da decisão judicial, não há definição do termo *ad quem* para os cálculos, tornando o título inexigível, porquanto incompreensível o fracionamento da execução de quantia certa.
>
> Assim, mister se faz proceder ao apostilamento da vantagem reconhecida em Juízo, de modo que o adicional de tempo de serviço seja computado sobre os vencimentos integrais, conforme o determinado do acórdão transitado em julgado, para, então, iniciar a execução com a apresentação dos cálculos.
>
> [...]
>
> E em relação ao cumprimento da obrigação de fazer por parte da apelada, necessário destacar que tanto a FESP como o Sindicato que representa a categoria, ou seja, o SINDSAÚDE, nos autos da ação coletiva de no 0008170-50.2010.8.26.0053, e que se encontra em fase de execução de sentença (Cumprimento de Sentença no 0019344-75.2018.8.26.0053), estão discutindo e se compondo a fim esclarecer quais as verbas que efetivamente comporão a base de cálculo do benefício, de modo a evitar descompasso no cumprimento da condenação.
>
> Portanto, de rigor observar, no presente caso, a inexistência de título hábil para eventual execução da obrigação de pagar, nos termos do artigo 534 e 535, do Código de Processo Civil, cabendo aos exequentes, após o devido cumprimento da obrigação de fazer, formular requerimento de cumprimento da obrigação de pagar.
>
> Dessa forma, diante de todo o exposto, necessária a prévia liquidação do título judicial, para posteriormente haver a

20 ZUFELATO, Camilo. *Coisa julgada coletiva*. Coordenação de Cassio Scarpinella Bueno. São Paulo: Saraiva, 2011. p. 466-467.

> possibilidade de executá-lo, sendo, portanto, nula a fase executiva, dada a inexigibilidade do título (art. 910 do CPC), por ser imprescindível o efetivo apostilamento e fixação do termo final das parcelas devidas para realização dos cálculos, cabendo destacar, como acima mencionado, que a ora apelada, está providenciando o devido apostilamento, nos termos do que ficou consignado na execução de sentença dos autos da ação coletiva (Processo n. 0008170-50.2010.8.26.0053), proposta pelo sindicado que representa a parte apelante.
>
> Por fim, fica ressalvado que eventual ingresso de nova ação, com a finalidade de executar a sentença, após a liquidação do título judicial, ou seja, posteriormente ao cumprimento pela FESP da obrigação de fazer, será devidamente apreciado pelo D. Juízo *a quo*[21].

Evidentemente que, vencida a etapa correspondente à obrigação de fazer, novos desafios serão impostos para a realização das devidas habilitações necessárias ao adimplemento da obrigação de pagar quantia certa, uma vez que o volume das execuções individuais apresentadas ao juízo que prolatou a sentença pode inviabilizar o próprio funcionamento da Vara em detrimento dos demais jurisdicionados.

Como remédio para tal situação, com vistas a proporcionar-se tratamento isonômico e celeridade processual para todos os interessados, poder-se-ia utilizar a experiência exitosa que foi a criação da Unidade de Processamento das Execuções contra a Fazenda Pública (Upefaz) da Comarca da Capital, instituindo-se uma Unidade de Processamento de Execuções Coletivas, com competência exclusiva para cuidar destes casos.

Seria, a nosso sentir, a maneira mais adequada de, consideradas as premissas aqui estabelecidas, colocar o Poder Judiciário paulista em compasso com as transformações e os anseios sociais da sociedade do século XXI.

---

21 TJSP, Apelação n. 1007639-29.2019.8.26.0053, 8ª Câmara de Direito Público, Rel. Des. Ponte Neto, j. 15/07/2019.

BIBLIOGRAFIA

CRUZ, Sérgio. *A tutela coletiva de interesses individuais:* para além da proteção dos interesses individuais homogêneos. São Paulo: Revista dos Tribunais, 2013.

FARIA, Juliana Cordeiro de; THEODORO JÚNIOR; Humberto. A ação coletiva ajuizada por associação civil na defesa de direitos individuais homogêneos e a sentença genérica: a problemática da execução coletiva. In: *Processo civil*: novas tendências. Homenagem ao Ministro Sálvio de Figueiredo Teixeira. Belo Horizonte: Del Rey, 2011.

GIDI, Antônio. *A* class action *como instrumento de tutela coletiva dos direitos:* as ações coletivas em uma perspectiva comparada. São Paulo: Revista dos Tribunais, 2007.

GRINOVER, Ada Pellegrini. *A marcha do processo*. Rio de Janeiro: Forense, 2000.

LEWANDOWSKI, Enrique Ricardo. Reflexões em torno do princípio republicano. *Revista da Faculdade de Direito da Universidade de São Paulo*, São Paulo, v. 100, 2005.

MENDES, Aluisio Gonçalves Castro. *Ações coletivas*: meios de resolução coletiva de conflitos no direito comparado e nacional. São Paulo: Revista dos Tribunais, 2014.

NUNES, Ana Luisa Tarter; BESSA, Leonardo Roscoe. Direitos metaindividuais: direitos materialmente coletivos e direitos processualmente coletivos. *Revista do Direito do Consumidor,* São Paulo: Revista dos Tribunais, ano 26, v. 111, maio/jun. 2017.

RODRIGUES, Mônica Cecílio. Da inadequação do artigo 475-B do Código de Processo Civil para cumprimento individual de determinadas sentenças coletivas. *Repertório de Jurisprudência IOB.* São Paulo: IOB, v. III/681, n. 21, 2010.

SOUZA, Gelson Amaro de. Coisa julgada e execução individual na ação coletiva. *Repertório de Jurisprudência IOB.* São Paulo: IOB, 1ª Quinzena de Setembro, n. 17, 2010.

ZUFELATO, Camilo. *Coisa julgada coletiva.* Coordenação de Cassio Scarpinella Bueno. São Paulo: Saraiva, 2011.

___________. A utilização das associações no processo coletivo e tentativa de desfazimento de um grave mal-entendido na jurisprudência do STF e STJ: ainda o tema dos limites subjetivos da coisa julgada. *Revista de Processo*. São Paulo: Revista dos Tribunais, ano 42, v. 269, jul. 2017.

PRINCÍPIO DA CONEXÃO, PRINCÍPIO DA ESCRITURA E PODERES INSTRUTÓRIOS DO JUIZ NO PROCESSO CIVIL BRASILEIRO

Eurípedes Gomes Faim Filho

1. Introdução

Este artigo trata da possibilidade de o julgador, de ofício, utilizar-se de pesquisas na internet para suprir falhas na instrução do processo.

A posição favorável defende o princípio da conexão, já a contrária advoga o da escritura, tudo como se passará a expor neste trabalho.

Pretende-se aqui confrontar os dois princípios para se poder concluir qual é o aplicável no nosso sistema processual.

2. O princípio da conexão e o princípio da escritura

Pelo princípio da conexão se entende cabível uma conduta proativa do julgador. De acordo com esse princípio, com o advento das novas tecnologias de comunicação e informação, houve o rompimento da separação rígida entre o processo e as relações sociais contidas na internet, conforme já consignou o E. Tribunal Regional do Trabalho da 3ª Região:

> PRINCÍPIO DA CONEXÃO - OS AUTOS ESTÃO NO MUNDO VIRTUAL. **Na atual era da informação em rede, na qual o** "poder dos fluxos (da rede) é mais importante que os fluxos do poder" **(CASTELLS), já não pode mais vigorar o princípio da escritura, que separa os autos do mundo. A Internet funda uma nova principiologia processual, regida pelo novo princípio da conexão.** O chamado princípio da escritura - *quod non est in actis non est in mundo* - encerrou no Código Canônico a fase da oralidade em voga desde o processo romano e até no processo germânico medieval. **Com advento das novas tecnologias de comunicação e informação e as possibilidades ampliadas de conectividade por elas proporcionadas, rompe-se, finalmente, com a separação rígida entre o mundo do processo e o das relações sociais, porquanto o** link **permite a aproximação entre os autos e a verdade (real e virtual) contida na rede.** O princípio da conexão torna naturalmente, por outro lado, **o processo mais inquisitivo. A virtualidade da conexão altera profundamente os limites da busca da prova** (TRT 3ª Região, Primeira Turma, Recurso Ordinário no 0001653-06.2011.5.03.0014, Rel. José Eduardo Resende Chaves Jr., j. 25/06/2012, V. U.) (grifo nosso)

Do corpo do acórdão se extrai:

> [...] **No processo virtual essa separação é literalmente desmaterializada. As fronteiras entre os autos e o mundo já não são tão claras, pois ambos pertencem ao mundo virtual.** A virtualidade da conexão - o hipertexto - altera profundamente os limites da busca da prova, pois, como se sabe, os links permitem uma **navegação indefinida** pelo mundo virtual das informações, um link sempre conduz a outro e assim por diante... A chamada Web semântica vai inclusive levar essa irradiação da informação a níveis inimagináveis.
>
> O que se tem de ter em mente, contudo, é que **essa possibilidade de conexão abre perspectivas interessantes quanto à busca da tão almejada verdade real -** ***rectius*****: verdade virtual - e, além disso, transforma enormemente o jogo do cálculo processual dos litigantes quanto ao ônus da prova.** Essa possibilidade vai, inclusive, confluir no sentido de tornar o processo um instrumento mais ético, pois o aumento da possibilidade de busca da verdade real-virtual será proporcional à redução da alegação e negação de fatos virtualmente verificáveis. [...] (grifo nosso)

Nota-se que, segundo o referido princípio, no âmbito do chamado processo virtual, não haveria mais separação entre os autos virtuais e o que está no mundo virtual, tendo em vista que ambos pertenceriam ao mesmo mundo.

3. *Quod non est in actis non est in mundo*

Este autor, respeitosamente, diverge do entendimento do acórdão supracitado, por entender que o brocardo clássico *quod non est in actis non est in mundo* ainda subsiste no direito processual.

Isso porque o "processo", tecnicamente, não é físico ou digital, mas sim uma relação jurídica, como conceitua a doutrina:

> **O processo** também, como complexa ligação entre os sujeitos que nele desenvolvem atividades, é em si mesmo **uma relação jurídica** (relação jurídica processual), a qual, vista em seu conjunto, apresenta-se composta de inúmeras posições jurídicas ativas e passivas de cada um dos seus sujeitos: poderes, deveres, sujeição, ônus (CINTRA, Antonio Carlos de Araújo; DINAMARCO, Cândido Rangel; GRINOVER, Ada Pellegrini. 2011, p. 306-307) (grifo nosso).

O que pode ser físico ou virtual é o que chamamos de "autos", e não há diferença ontológica entre um e outro, posto que, na essência, ambos são a mesma coisa, qual seja um meio para manifestação da relação processual.

Sobre o assunto ensina a doutrina:

> Uma última consideração faz-se necessária: "processo" não se confunde com **"autos", que nada mais são do que a usual forma de documentação** em papel dos atos processuais praticados. **Mesmo quando a Lei** n. 11.419/2006 admite a prática de atos processuais por meios eletrônicos em geral (art. 1º), e, até mesmo, **autoriza o chamado "processo digital"** ou "processo eletrônico", o **"processo", como método de atuação de um Estado Democrático de Direito, não se confunde nem pode ser confundido com aquilo que o documenta, que o corporifica, que lhe dá forma no mundo físico: seja no papel, como, ainda hoje, é o largamente predominante, seja no "ambiente virtual"**, campo no qual há algumas experiências bem-sucedidas em diversos níveis dos

variados órgãos jurisdicionais brasileiros ainda antes da edição da precitada Lei n. 11.419/2006 (BUENO, Cássio Scarpinella. 2014, p. 398) (grifo nosso).

Na verdade, também o chamado processo virtual é parte do mundo físico, o qual é composto por matéria e energia, uma vez que o processo virtual se materializa em computadores, se armazena em discos rígidos e se transmite por fios ou ondas eletromagnéticas, não sendo imaterial no sentido de "não ser". As chamadas "nuvens" nada mais são que gigantescos computadores onde se armazenam dados. Basta uma busca na internet para confirmar essas afirmações.

Por outro lado, ao mesmo tempo, de certa forma, o processo de papel também é da mesma substância que o processo virtual, se aí se entender que os autos físicos são compostos essencialmente de energia, pois energia e matéria (massa, ou seja, quantidade de matéria) são a mesma e única substância, como demonstra a Teoria da Relatividade.

Com efeito, de todos conhecida a célebre equação de Einstein, "E = M . C2", ou seja, a energia é igual à massa (quantidade de matéria) vezes a velocidade da luz ao quadrado, isto é, energia é matéria muito acelerada. Por outro lado, invertendo-se a equação, "M = E/C2" - traduzindo-se, massa (quantidade de matéria) é igual à energia dividida pela velocidade da luz ao quadrado -, tem-se que matéria é energia bem lenta. Daí se conclui que, em termos físicos, matéria e energia possuem a mesma natureza ontológica.

Por sua vez, os autos podem se revestir de inúmeras formas, tais como oral, em libras, em tabletes de argila, em papel, em mídia digital, ou seja, o meio é irrelevante, o que de fato importa é a relação jurídica que é documentada nesses autos.

Logo, como a relação jurídica mostra-se sempre essencialmente a mesma, independentemente do meio em que é documentada, não há diferenciação nas regras processuais a serem aplicadas e, no fundo, o princípio da escritura, ou seja, do registro em autos, sempre prevalece, independentemente da forma desses.

4. Do princípio da conexão em autos de papel

Como os autos de papel e os virtuais têm a mesma natureza, caso o princípio da conexão fosse o adotado, ele teria que valer também para os autos de papel.

Dessa forma, também nos autos de papel, o juiz poderia pesquisar provas em quaisquer documentos de papel em qualquer lugar do mundo, independentemente da atividade das partes, o que não seria admitido no nosso sistema e não pode ser admitido independentemente da forma que tenha os autos.

5. Da prova emprestada

Não se confunda aqui com o instituto da prova emprestada.

A prova emprestada é feita entre autos, ou seja, vem de autos para outros autos e sempre a pedido de uma das partes. Ela não vem do mundo extra-autos por iniciativa de ofício do julgador.

6. Dos poderes instrutórios do julgador

No que diz respeito ao julgador, os seus poderes precisam ser limitados como garantia de eventual abuso. A limitação referente aos seus poderes instrutórios visa também a garantir a imparcialidade e o tratamento isonômico das partes na direção do processo pelo juiz, conforme determina o art. 139 do CPC de 2015:

> Art. 139. O juiz dirigirá o processo conforme as disposições deste Código, incumbindo-lhe:
>
> I - assegurar às partes igualdade de tratamento;

Sobre o assunto ensina a doutrina:

> **A imparcialidade está na ausência de interesse judicial na sorte de qualquer das partes quanto ao resultado do processo.** É um *requisito anímico* do juiz. *Nemo iudex in repropria.* Tamanha a importância da imparcialidade que a doutrina a ensarta como elemento do próprio conceito de jurisdição. **E é compreensível que assim o seja, já que** sem imparcialidade não há possibilidade de tratamento isonômico **entre as partes.** Nosso sistema jurídico **protege a imparcialidade impondo vedações aos juízes** (art. 95, parágrafo único, da CF/1988) e

> prevendo a possibilidade de impugnação por *impedimento* ou *suspeição* (MARINONI, Luiz Guilherme, 2016, p. 186) (grifo nosso).

Dessa forma, caso ultrapasse suas atribuições e vedações, passando a exercer função que não é sua, o juiz ferirá o princípio da isonomia e a regra da imparcialidade, instaurando-se verdadeiro processo inquisitivo, com dano irreparável para a segurança jurídica.

No processo inquisitivo, em que impera o chamado princípio inquisitorial, os poderes concentram-se todos na figura do juiz, comprometendo a sua imparcialidade:

> Tanto no processo penal como no civil a experiência mostra que o juiz que instaura o processo por inciativa própria acaba ligado psicologicamente à pretensão, colocando-se em posição propensa a julgar favoravelmente a ela. **Trata-se do denominado processo inquisitivo, o qual se mostrou sumamente inconveniente pela constante ausência de imparcialidade do juiz.** [...] No processo inquisitivo, **onde as funções de acusar, defender e julgar encontram-se enfeixadas em um único órgão, é o juiz** que inicia de ofício o processo, **que recolhe as provas** e que, a final, profere a decisão. [...] **sempre lhe faltariam elementos essenciais ao denominado devido processo legal, como a publicidade e a posição equidistante do juiz com relação às partes e às provas** (CINTRA, Antonio Carlos de Araújo; DINAMARCO, Cândido Rangel; GRINOVER, Ada Pellegrini, 2011, p. 64) (grifo nosso).

Contraposto ao processo inquisitivo, encontra-se o processo dispositivo.

O processo dispositivo é o que comanda o sistema processual vigente, com vistas à preservação da imparcialidade do juiz e respeito aos princípios da ampla defesa e do contraditório:

> **A tutela jurisdicional não se exerce de ofício**, como claramente o declara o art. 2º do Código de Processo Civil. **Trata-se**, aliás, **de orientação diretamente emanada da regra do devido processo legal**, **com o objetivo de garantir a imparcialidade do órgão judiciário.** [...] **Quando há interesses indisponíveis**, nem por isso o processo assume feição inquisitiva, no sentido de ficar entregue ao juiz a defesa deles, em substituição à parte diretamente interessada. [...] **O juiz con-**

> **tinua equidistante das partes**, enquanto outros órgãos estatais procuram atender aos imperativos do *iuscogens* para impedir o enfraquecimento no curso do processo, dos interesses de ordem pública (MARQUES, José Frederico. 2003, p. 493-494) (grifo nosso).

Ainda no mesmo sentido:

> Tem dito a doutrina que **o mais sólido fundamento do princípio dispositivo parece ser a necessidade de salvaguardar a imparcialidade do juiz.** O princípio é de inegável sentido liberal, porque **a cada um dos sujeitos envolvidos no conflito** sub judice **é que deve caber** o primeiro e mais relevante juízo sobre a conveniência ou inconveniência de **demonstrar a veracidade dos fatos alegados. Acrescer excessivamente os poderes do juiz significaria**, em última análise, **atenuar a distinção entre o processo dispositivo e processo inquisitivo** (CINTRA, Antonio Carlos de Araújo; DINAMARCO, Cândido Rangel; GRINOVER, Ada Pellegrini. 2011, p. 70) (grifo nosso).

Ademais, o processo inquisitivo é inconstitucional, tendo em vista que não atende ao cumprimento do princípio do devido processo legal no âmbito do processo judicial, previsto nos incisos LIV e LV do art. 5º da Constituição da República.

Em que pese o CPC de 2015 tenha instituído o princípio da cooperação, o ônus da prova e o princípio da imparcialidade não foram e não podem ser abolidos, cabendo às partes o ônus de instruir os autos com os elementos que auxiliarão na formação do convencimento do juiz, sejam os autos físicos ou digitais, como leciona a doutrina:

> **A colaboração das partes** com o juiz vem naturalmente de sua participação no processo, **levando aos autos** alegações e **provas** que auxiliarão o juiz na formação de seu convencimento. Quanto mais ativa a parte na defesa de seus interesses mais colaborará com o juiz, desde que, é claro, atue com a boa-fé exigida pelo art. 5º do Novo CPC (NEVES, Daniel Amorim Assumpção, 2016, p. 15) (grifo nosso).

7. Exceção à regra – art. 142 do CPC de 2015

Dispõe o CPC de 2015:

> Art. 142. Convencendo-se, pelas circunstâncias, de que autor e réu se serviram do processo para praticar ato simulado ou conseguir fim vedado por lei, o juiz proferirá decisão que impeça os objetivos das partes, aplicando, de ofício, as penalidades da litigância de má-fé.

Nesse caso (colusão), o julgador, de ofício, pode fazer pesquisas para confirmar a prática fraudatória das partes, incluindo-se na expressão "circunstâncias" eventuais pesquisas na internet que sejam necessárias tendo em vista o interesse público inerente à lisura do processo.

8. Conclusões

O princípio da escritura preconiza o registro em autos, independentemente da forma desses, valendo a regra de que o que não está nos autos não está no mundo.

Pelo princípio da conexão, no âmbito do chamado processo virtual, não haveria mais separação entre os autos virtuais e o que está no mundo virtual, tendo em vista que ambos pertenceriam ao mesmo mundo.

Em decorrência desse último princípio, entende-se cabível uma conduta proativa do julgador, que pode fazer pesquisas na internet para instruir os autos.

Mas o "processo", tecnicamente, não é físico ou digital, e sim uma relação jurídica.

O que pode ser físico ou virtual é o que chamamos de "autos", e não há diferença ontológica entre autos físicos e virtuais, posto que, na essência, ambos são a mesma coisa, qual seja um meio para registro da relação processual, ou seja, para realização do princípio da escritura.

O processo virtual é parte do mundo físico porque se materializa em computadores, se armazena em discos rígidos e se transmite por fios ou ondas eletromagnéticas, não sendo imaterial no sentido de "não ser". As chamadas "nuvens" nada mais são que gigantescos computadores onde se armazenam dados.

Logo, como a relação jurídica mostra-se sempre essencialmente a mesma, independentemente do meio em que é documentada, não há diferenciação nas regras processuais a serem aplicadas.

Também, esse tipo de pesquisa pelo julgador fere o dever de imparcialidade e de tratamento isonômico das partes, bem como da ampla defesa e contraditório, instituindo o inconstitucional processo inquisitivo, com sério dano para a segurança jurídica.

O ônus da prova cabe às partes as quais devem instruir os autos com os elementos que auxiliarão na formação do convencimento do juiz, sejam os autos físicos ou digitais[1].

Uma exceção a essa regra é o combate às fraudes que as partes possam estar realizando em conluio por meio do processo (colusão), caso em que o julgador pode usar dos meios necessários para apurar os fatos, inclusive consultas na internet.

BIBLIOGRAFIA

BUENO, Cássio Scarpinella. *Curso sistematizado de direito processual civil*: teoria geral do direito processual civil. 8. ed. São Paulo: Saraiva, 2014. v. I.

CINTRA, Antonio Carlos de Araújo; DINAMARCO, Cândido Rangel; GRINOVER, Ada Pellegrini. *Teoria geral do processo*. 27. ed. São Paulo: Malheiros, 2011.

MARINONI, Luiz Guilherme. *Novo curso de processo civil*. 2. ed. São Paulo: Revista dos Tribunais, 2016.

MARQUES, José Frederico. *Manual de direito processual civil*. 9. ed. Campinas: Millennium, 2003.

NEVES, Daniel Amorim Assumpção. *Novo Código de Processo Civil comentado* - artigo por artigo. Salvador: JusPodium, 2016.

---

1 O entendimento aqui defendido foi acolhido por maioria pela 15ª Câmara de Direito Público do Tribunal de Justiça do Estado de São Paulo, sendo relator o autor deste artigo no seguinte caso: Agravo de Instrumento n. 2259046-43.2016.8.26.000, julgamento realizado no dia 22 de junho de 2017 e transitado em julgado no dia 15 de agosto de 2017; e por unanimidade no seguinte: Apelação Cível n. 1001819-76.2017.8.26.0642, julgamento realizado no dia 23 de maio de 2019.

A INTERPRETAÇÃO DO ÔNUS DA PROVA NO PROCESSO TRIBUTÁRIO E A INVERSÃO CONTRA A FAZENDA PÚBLICA

Eutálio José Porto de Oliveira

1. A prova pré-constituída fundada no princípio da legalidade e da veracidade dos atos administrativos

Tratando-se de processo tributário, a Fazenda Pública, em regra, possui mais privilégios do que o contribuinte. Esse é um princípio clássico da administração pública, que sempre é aplicado em decisões judiciais e invocado em contestações fazendárias. Por isso, o contribuinte deve utilizar todos os meios de prova visando à desconstituição do crédito tributário, mesmo que a questão seja puramente de direito. Não se deve descuidar da prova para demonstrar a ausência de subsunção do fato à norma, conduta processual que permite o cotejamento da situação jurídica posta.

Não raro o contribuinte, em sede judicial, limita-se a tratar da matéria apenas do ponto de vista do direito posto, por entender que ela poderá ser discutida à luz de considerações formais e, com isso, ausenta-se da produção de prova que acaba passando *in albis*. Porém, de antemão, é necessário realçar que o magistrado, tanto em primeira quanto em segunda instâncias, na hora de decidir, partirá do pressuposto de que o ato administrativo goza da presunção de legalidade e de veracidade e, por isso, buscará nos autos prova em sentido contrário para desfazer o ato e, não sendo convincente ou inexistindo, prevalecerá a presunção que lhe é imanente.

Quanto mais prova tiver sido produzida, mais seguro estará o magistrado no momento da decisão, já que é isso que vai balizar o seu convencimento, sobretudo porque questões jurídicas, invocação normativa, jurisprudencial e até mesmo doutrinária são de conhecimento do magistrado, que, a despeito da sua importância para a formação do convencimento, não serão suficientes para a decisão caso não haja prova firme, estreme de dúvida do quanto alegado. Por isso, uma petição com muitos argumentos e recheada de doutrina e jurisprudência não é o que convence, mas sim as provas dos autos, mesmo que os termos da inicial sejam concisos.

No âmbito da execução fiscal, a premissa não é diferente, pois o termo de inscrição de dívida ativa goza de certeza e liquidez, consoante disposto no art. 3º da Lei n. 6.830/80. Essa é uma presunção *juris tantum*, que somente pode ser "ilidida por prova inequívoca", cujo ônus fica "a cargo do executado ou de terceiro, a quem aproveite".

Assim, a tendência é tornar válido o ato administrativo quando ele não for rechaçado de forma contundente. Sendo essa uma realidade que decorre do próprio comando legal, é sob essa ótica que o magistrado irá nortear sua interpretação.

Há por outro lado a tendência de dar à Fazenda Pública a possibilidade de utilizar todos os meios legais para ver satisfeito o seu crédito, abrandando-se, em certos casos, o rigor da lei no tocante à formação do ato administrativo, com o que se evita a anulação, mesmo que, do ponto de vista formal, não esteja ele perfeito, aplicando-se nesses casos a intepretação teleológica. Isso implica dizer que certas formalidades que não foram atendidas, mas que não prejudicam o direito de defesa e nem a identificação do que está sendo exigido, raramente serão motivo para declaração de uma nulidade.

O art. 202 do CTN e o art. 2º, § 5º, da Lei n. 6.830/80 tratam com rigor as formalidades para a inscrição do débito em dívida ativa e atribuem uma série de providências ao fisco para a formalização do ato e, quando da omissão ou erro, determina o art. 203 do CTN que seja ele declarado nulo. Mas, entre o que diz a lei e a sua aplicação, há a mitigação do intérprete, que abranda o seu conteúdo para evitar extinção em massa de créditos ou de execução em razão de desatenção às formalidades.

Em outras palavras, uma interpretação literal das exigências legais supramencionadas tornaria a inscrição em dívida ativa bastante vulnerável, possibilitando em caso de qualquer omissão ou erro a sua anulação e, por via de consequência, também da CDA com a extinção da execução fiscal. Mas não tem sido essa a interpretação consolidada nos tribunais, à medida que se tem afastado eventuais defeitos formais, garantindo-se a higidez do ato. Com isso, se o devedor conseguir identificar adequadamente o objeto da dívida e estando presentes os fundamentos legais pelo qual o débito se encontra ancorado, não caracteriza nulidade ou cerceamento de defesa[1].

O Superior Tribunal de Justiça, ao examinar questão semelhante, confirmou o entendimento de que a "existência de vícios formais na Certidão de Dívida Ativa apenas leva a sua nulidade se causar prejuízo ao exercício do direito de ampla defesa". E, com isso, a "simples falta de indicação do livro e da folha de inscrição da dívida constitui defeito formal de pequena monta, que não prejudica a defesa do executado nem compromete a validade do título executivo"[2].

A impugnação de execução fiscal fundada na nulidade da CDA, por falta de higidez em razão de descumprimento literal das regras quando de sua constituição, tem sido relativizada sob o fundamento de que, modernamente, a ritualística formal não mais prevalece em detrimento da substância do ato, pois, colidindo esses dois fatores, o segundo deve prevalecer sobre o primeiro.

A materialidade da relação jurídica se sobrepõe a eventuais defeitos formais, pois, dentro de uma interpretação que leve em conta a efetividade do processo e o princípio da instrumentalidade

---

1 STJ, REsp n. 1.830.123/PE, 2ª Turma, Rel. Min. Mauro Campbell Marques, j. em 12/08/2019.

2 STJ, AgRg n. AI n. 1.153.617/SC, 2ª Turma, Rel. Min. Castro Meira, j. em 25/08/2009.

dos atos, não tem mais espaço o formalismo exacerbado que em nada contribui para a aplicação da justiça[3].

A jurisprudência tem caminhado nesse sentido, ao priorizar as regras processuais com uma interpretação baseada no caráter instrumental e teleológico, afastando-se da exegese literal para se aproximar da "tese de que os requisitos formais que a lei impõe à Certidão de Dívida Ativa têm a finalidade precípua de identificar a exigência tributária e proporcionar meio ao executado de defender-se contra ela", conforme se pode observar em julgados do STF, colacionados por Humberto Theodoro Júnior (THEODORO JÚNIOR, 2016, p. 52).

No julgamento do AgRg no AI 1.153.617/SC, o Ministro Castro Meira aplicou expressamente o princípio da instrumentalidade dos atos, quando decidiu que "a existência de vícios formais na Certidão de Dívida Ativa apenas leva à sua nulidade se causar prejuízo ao exercício do direito de ampla defesa", sendo certo que não se deve exigir que se cumpram com rigor as formalidades, sem que esteja devidamente demonstrado o prejuízo havido com a preterição da forma.

As únicas exceções, que permitem uma intepretação mais restrita, são quando a CDA não traz a indicação da norma que ampara o lançamento do tributo ou quando há indicação errada do sujeito passivo da obrigação tributária, porque, nesses casos, trata-se de vícios que atingem o próprio lançamento, e não apenas seu aspecto formal[4].

Mesmo assim, quando se tratar de erro ou ausência de indicação da legislação objeto do tributo exigido, antes de se declarar a nulidade, deve-se possibilitar a sua substituição, conforme preco-

---

3 TJSP, AP n. 0506140-83.2014.8.26.0266, 15ª Câmara de Direito Público, Rel. Des. Eutálio Porto, j. em 15/03/2016.

4 "Nulidade das CDA's em decorrência do não preenchimento dos requisitos legais (art. 202, III, do CTN e art. 2º, § 5º, III, da Lei n. 6.830/1980) - Ausência de indicação da fundamentação legal específica dos tributos - Exercício do contraditório e da ampla defesa prejudicado - Vício que afeta o próprio lançamento e/ou a inscrição - Impossibilidade de substituição das CDA's - Nulidade dos títulos executivos reconhecida - Sentença mantida o Recurso não provido" (TJSP, AP n. 0047411-94.2003.8.26.0564, 18ª Câmara de Direito Público, Rel. Des. Roberto Martins de Souza, j. em 02/09/2019).

niza o art. 203 do CTN, que admite que sejam sanadas eventuais nulidades na inscrição enquanto não for prolatada a sentença na primeira instância.

O Superior Tribunal de Justiça tem sido firme no entendimento de ser "incabível extinguir a Execução Fiscal com base na nulidade da CDA sem a anterior intimação da Fazenda Pública para emenda ou substituição do título executivo, quando se tratar de erro material ou formal"[5], constituindo exceção a essa regra o caso em que houver na execução fiscal erro na indicação do sujeito passivo.

Esse entendimento encontra-se sedimentado na Súmula 392 do STJ, no seguinte sentido: "A Fazenda Pública pode substituir a certidão de dívida ativa (CDA) até a prolação da sentença de embargos, quando se tratar de correção de erro material ou formal, vedada a modificação do sujeito passivo da execução"[6].

Com isso, mesmo nos casos em que o exame da matéria exigir apenas o cotejamento dos aspectos formais da Certidão de Dívida Ativa, há de se verificar qual exatamente fora o erro ou a omissão para extinguir o processo de execução fiscal, sendo que, nesta hipótese, é necessário um olhar mais cauteloso do intérprete à luz das provas dos autos, evitando a nulidade do ato.

No âmbito da desconsideração da personalidade jurídica há também a presunção legal em favor da Fazenda Pública, dispensando a produção de prova para a realização. O atual Código de Processo Civil estabeleceu que a desconsideração da personalidade jurídica será instaurada por incidente processual, suspendendo o curso do processo, com o objetivo de garantir o contraditório e a ampla defesa, conforme dispõem os arts. 133 a 137 do CPC.

Mas em matéria tributária esses dispositivos não têm sido seguidos, ou seja, não se instaura o incidente e não se aplica o princípio do contraditório de forma específica. O entendimento jurisprudencial tem se inclinado no sentido de que o redirecionamento da execução fiscal aos sócios da executada prescinde do incidente

5 STJ, AgRg n. REsp n. 1.268.359/PE, 2ª Turma, Rel. Min. Herman Benjamin, j. em 07/02/2013.

6 STJ, Súmula 392, 1ª Seção, j. em 23/09/2009, *Dje* 07/10/2009.

de desconsideração da personalidade jurídica, por se tratar de hipótese de responsabilidade tributária prevista no art. 135 do CTN.

Visando a uniformizar essa interpretação, a Escola Nacional de Formação e Aperfeiçoamento de Magistrados - ENFAM editou o Enunciado 53, elaborado durante seminário sobre o CPC de 2015, nos seguintes termos: "O redirecionamento da execução fiscal para o sócio-gerente prescinde do incidente de desconsideração da personalidade jurídica, previsto no art. 133 do CPC/2015".

E esse entendimento tem sido aplicado, consoante se verifica do seguinte julgado do Tribunal de Justiça do Estado de São Paulo:

> Agravo de instrumento. Execução Fiscal. Súmula 435 do STJ. Pedido de redirecionamento ao sócio-gerente. Decisão que determinou a instauração de incidente de desconsideração da personalidade jurídica. Pretensão à reforma. Acolhimento. Ausência de Lei complementar que determine contraditório prévio nas hipóteses do art. 135, III, do CTN. Inteligência do art. 146, III, "b", da CF/1988. Disciplina do Código de Processo Civil (lei geral) que, ademais, não se aplica subsidiariamente, porque incompatível, à especial disciplina da Lei de Execução Fiscal sobre o tema (art. 4º, V, da Lei n. 6.830/1980). Enunciado 53 da ENFAM. Agravo de Instrumento ao qual se dá provimento para que o sócio dirigente seja incluído no polo passivo da execução fiscal sem a imposição de contraditório prévio. Descabimento dos honorários advocatícios recursais (§ 11 do art. 85 do NCPC) quando não se está diante de recurso interposto contra decisão de primeiro que tenha fixado honorários advocatícios. Face ao exposto, dá-se provimento ao recurso[7].

Mas se por um lado existe uma certa maleabilidade para interpretar os atos administrativos favoráveis à Fazenda Pública, por outro, existem alguns limites que o julgador não pode ultrapassar.

Quando a Fazenda Pública, por exemplo, erra na capitulação da infração ou tipifica um tributo ao qual o contribuinte não está sujeito, a despeito de estar em outro enquadrado, não há como se aproveitar o ato, o que leva a sua anulação, posto que não pode o

---

7 TJSP, AI n. 2093310-70.2016.8.26.0000, 18ª Câmara de Direito Público, Rel. Des. Ricardo Chimenti, j. em 02/06/2016.

julgador substituir a Administração mudando, por meio de sua decisão, a tipificação legal.

Existem certas formalidades na constituição do crédito tributário que necessitam de rigor nos procedimentos administrativos e, se houver alguma falha, pode ser anulado o ato, mesmo que materialmente o tributo seja devido, pois, consoante ficou consignado na Apelação n. 1012692-25.2018.8.26.0053, o "processo administrativo é um pilar fundamental para segurança jurídica do contribuinte que deve pautar-se pelo estrito cumprimento da lei"[8].

2. Do uso do procedimento apropriado para a discussão do crédito tributário

No âmbito processual, várias dessas matérias têm sido veiculadas em sede de exceção de preexecutividade, mas a via eleita nem sempre se mostra adequada, pois, na grande maioria dos casos, está na dependência do exame de provas, o que esbarra na Súmula 393 do Superior Tribunal de Justiça, que só admite o uso da exceção "relativamente às matérias conhecíveis de ofício que não demandem dilação probatória".

As questões que podem ser conhecidas de ofício são restritas e, por isso, não raro, as alegações veiculadas em sede de exceção de preexecutividade, exigindo que o julgador adentre a matéria

---

8 "(...) Município que pleiteia a legalidade dos atos administrativos que originaram o lançamento do imposto - Processo administrativo que é um pilar fundamental para segurança jurídica do contribuinte que deve pautar-se pelo estrito cumprimento da lei - Contribuinte que não foi intimado da decisão que indeferiu o pedido de não incidência do ITBI e da lavratura do respectivo auto de infração (documentos que comprovam a não ciência do contribuinte à fls. 66/67) - Contribuinte cadastrado de ofício no Domicílio Eletrônico do Contribuinte (DEC) - Ausência de prova de que o credenciamento foi comunicado ao contribuinte por meio edital publicado no Diário Oficial, conforme determina o § 4º do art. 1º da instrução SF/SUREM n. 14/2015 - Autor que não tinha cadastro de contribuinte em razão do cancelamento realizado antes da criação do DEC - Violação do princípio do Contraditório e ampla defesa - Precedentes das câmaras especializadas em tributos municipais - Nulidade da notificação eletrônica mantida" (TJSP, AP n. 1012692-25.2018.8.26.0053, 15ª Câmara de Direito Público, Rel. Des. Eutálio Porto, j. em 23/05/2019).

de prova para decidir, inviabilizam o meio processual escolhido pela parte.

Outro instrumento comumente utilizado para discutir matéria tributária é o mandado de segurança, que também possui alto risco, porque esse remédio processual é por demais restrito, e se o direito líquido e certo não estiver muito bem definido há grandes chances de ser denegada a ordem por falta de provas, correndo-se o risco do ato ser validado em razão do princípio da veracidade e da legalidade a ele inerente.

Esses instrumentos processuais devem ser utilizados para veicular matéria de extrema objetividade ou de infração legal cognoscível de plano, porque o desfecho muitas vezes se dá pela ausência dos elementos necessários ao seu conhecimento, em razão da necessidade de dilação probatória.

Por outro lado, tratando-se de processo de conhecimento, quando o contribuinte requer a realização de provas, a regra é a sua concessão e, se o pedido for indeferido pelo juiz da causa, raramente o tribunal mantém a decisão[9], salvo quando realmente já tiver elementos suficientes, ou se verificar a sua desnecessidade; mas o respeito ao princípio do contraditório e da ampla defesa faz com que o pleito do contribuinte seja atendido quando se verificar a necessidade de prova[10].

---

9 "APELAÇÃO E REMESSA NECESSÁRIA. EMBARGOS À EXECUÇÃO FISCAL. CREDITAMENTO DE ICMS. PRELIMINAR. CERCEAMENTO DE DEFESA. Ocorrência. Necessidade e pertinência da produção de prova pericial. Regime de substituição tributária. Alegação da embargante de que teria se utilizado de créditos extemporâneos. Autuação por creditamento indevido, por falta de comprovação, nos termos da Portaria CAT n. 17/99, com a redação dada pela Portaria CAT n. 99/05, da existência dos referidos créditos. Direito de produção de prova pericial para a demonstração judicial do fato alegado. Sentença anulada. Recurso da embargante provido. Prejudicado o recurso da embargada" (TJSP, AP n. 1001516-40.2016.8.26.0014, 5ª Câmara de Direito Público, Relª. Desª. Heloísa Martins Mimessi, j. em 02/09/2019).

10 "AGRAVO DE INSTRUMENTO - Execução fiscal - IPTU x ITR - Exercício de 2008 - Exceção prévia de executividade rejeitada - Alegada destinação rural da propriedade não demonstrada - Necessidade de produção de provas, sob o crivo do contraditório e da ampla defesa - Decisão mantida, nessa parte - Honorários advocatícios - Sucumbência indevida quando rejeitada a objeção - Precedentes do TJSP e do STJ - Decisão reformada, nessa parte - Recurso

Além dessa situação, o próprio relator de ofício pode determinar a realização de prova quando entender pela necessidade, ou quando verificar que a causa não estava suficientemente madura quando foi proferida a sentença. Pode ainda o relator, para seu convencimento, independentemente das provas já produzidas, indicar que outras sejam produzidas, mesmo que não haja pedido expresso de anulação. Nesse caso, converterá o "julgamento em diligência, que se realizará no tribunal ou em primeiro grau de jurisdição, decidindo-se o recurso após a conclusão da instrução", conforme § 3º do art. 938 do CPC.

3. Da indução da forma de interpretação

Existem casos em que a lei é expressa quanto à imposição de interpretação literal, como ocorre com as matérias elencadas no art. 111 do CTN, sendo elas: "I - suspensão ou exclusão do crédito tributário; II - outorga de isenção; III - dispensa do cumprimento de obrigações tributárias acessórias".

Já o art. 112, por seu turno, é mais benevolente com o contribuinte quando se trata de infrações ou penalidades, devendo a norma, para esses casos, ser interpretada de maneira mais favorável ao acusado, sobretudo em caso de dúvida, quanto: I - à capitulação legal do fato; II - à natureza ou às circunstâncias materiais do fato, ou à natureza ou extensão dos seus efeitos; III - à autoria, imputabilidade, ou punibilidade; IV - à natureza da penalidade aplicável, ou à sua graduação.

Esses dois artigos induzem a forma de interpretação e condicionam o julgador a ser mais restritivo no tocante à aplicação de seus comandos, pois já traçam uma direção quando da análise de fatos envolvendo a matéria versada.

Com isso, a imputação de multa ou qualquer outra infração, por envolver uma penalidade, deve ter sua tipificação legal de forma precisa, estreme de dúvidas, para não se apenar mediante presunção que pode ou não se confirmar, cabendo à Administração

---

provido, em parte" (TJSP, AI n. 2056567-56.2019.8.26.0000, 14ª Câmara de Direito Público, Rel. Des. Octavio Machado de Barros, j. em 29/08/2019).

Pública precisar a conduta do infrator e demonstrar o ilícito por ele praticado.

A despeito de o art. 136 do CTN indicar que a responsabilidade por infração à legislação tributária independe da intenção do agente ou do responsável, e que, por isso, a responsabilidade é objetiva, esse dispositivo deve ser examinado em consonância com o art. 112 do CTN, que abranda o rigor da responsabilidade admitindo a aplicação do princípio *in dubio pro contribuinte*.

Há de se levar em consideração que, em se tratando de matéria tributária, o tipo de interpretação é mais próximo do Direito Penal, à medida que, enquanto para exigência do tributo deve haver a subsunção do fato à norma, em matéria penal exige-se a correta tipificação legal do crime praticado.

A diferença entre esses dois ramos do Direito reside exatamente na produção da prova, pois enquanto no âmbito penal compete ao Estado demonstrar a existência e autoria do crime mesmo que confessado, já em matéria de Direito Tributário o próprio lançamento tem previsão legal da existência do fato e, por isso, cabe ao contribuinte fazer a prova para sua desconstituição, invertendo a providência, visando a afastar o enquadramento do tipo legal indicado.

4. Dos efeitos probatórios da confissão de dívida

O art. 374 do CPC elenca os casos em que os fatos não dependem de prova, dentre eles os "afirmados por uma parte e confessados pela parte contrária", conforme indicado no inciso II. O art. 784, III, também traz como modalidade de título executivo "o documento particular assinado pelo devedor e por 2 (duas) testemunhas".

Com isso, independentemente da existência de uma CDA, pode a Fazenda Pública valer-se da confissão de dívida para executar o crédito, vindo essa situação, bastante comum na relação entre devedor e Fazenda Pública, na maioria das vezes, acompanhada de acordo de parcelamento.

Em princípio, débito confessado independe de prova, porque a própria confissão já constituiu o título executivo apto a ser exigido em juízo, salvo as hipóteses da fraude, simulação e coação.

Mas aqui vale indagar se em matéria tributária é aplicado o mesmo rigor do Direito Civil, quando, por exemplo, tratar-se de crédito confessado, mas prescrito ou com algum vício de origem.

Poder-se-ia, nesse caso, questionar em juízo a confissão, visando à anulação parcial do débito ou mesmo a repetição do valor pago indevidamente, já que a confissão independe de qualquer prova da constituição do débito.

Se na relação civil esse tipo de acordo põe fim a qualquer controvérsia, salvo nos casos de vício de consentimento, no caso tributário, o acordo pode ser questionado para adentrar à natureza e à constituição dos débitos confessados, fazendo prova de sua inexistência; ou seja, não só os vícios formais podem ser questionados, mas também o próprio mérito da dívida, prova essa que compete ao contribuinte.

Cite-se como exemplo um devedor que por qualquer situação tenha confessado um débito que já estava prescrito. No caso da relação civil, essa alegação pouco influenciará na anulação do acordo, porque, no âmbito privado, a dívida nunca deixa de existir, o que se perde é o direito de ação pela prescrição; com isso, a confissão reaviva o direito, mas, na esfera tributária, pode o acordo ser anulado.

O art. 191 do CC permite a renúncia da prescrição, que pode ser expressa ou tácita, mas, cotejando este dispositivo com o art. 156 do CTN, observa-se que na esfera tributária a prescrição extingue o crédito tributário e, a rigor, em razão do princípio da estrita legalidade na qual se encontram subsumidos os atos administrativos, seria inoportuno exigir do contribuinte, mesmo por via de confissão, um crédito extinto, na medida em que ninguém está obrigado a pagar por um tributo que não mais existe.

Diferentemente das relações privadas, cuja possibilidade de transação encontra-se alicerçada no princípio da autonomia da vontade, no Direito Tributário essa autonomia é limitada pela estrita legalidade. E se o art. 156, V, do CTN diz que a prescrição é modalidade de extinção do crédito tributário, consequentemente, não se pode acordar sobre o que não mais existe, porque, no âmbito tributário, crédito prescrito, obrigação extinta, deixa de existir, e não pode ser confessada e nem exigido o que a própria lei tratou de extinguir pelo decurso do tempo.

Assim, para o Direito Civil não há extinção do crédito em si, mas sim a perda do direito de ação por parte do credor, pois o crédito continua existindo como obrigação moral do devedor; por isso, o art. 191 do CC admite a renúncia da prescrição. Mas, no caso do Direito Tributário, a prescrição, tal como o pagamento, é modalidade de extinção, estando inclusive ambas as hipóteses no mesmo dispositivo legal, ou seja, no art. 156 do CTN.

Por isso, reconhecer eventual acordo firmado pelas partes envolvendo o pagamento do crédito tributário extinto é o mesmo que admitir a exigência de tributo sem lei, pois ambas as exigências encontram-se dentro dos limites da legalidade, e a Fazenda Pública não pode acordar sobre crédito inexistente.

Esse posicionamento guarda uma relação simétrica com o que se decidiu no REsp 812.669/RS, do STJ, que ao enfrentar semelhante questão, orientou-se de que as CDAs prescritas não podem servir de base para acordo de parcelamento. Constou expressamente na ementa que: "Parcelamento acordado após a consumação do prazo prescricional não atua como causa retroativa de interrupção do curso do prazo prescricional".

Em outra decisão da "Primeira Seção, ao julgar o recurso repetitivo REsp 1.133.027/SP, de relatoria originária do Min. Luiz Fux, designado para redigir o acórdão o Min. Mauro Campbell Marques", ficou decidido que:

> A confissão da dívida não inibe o questionamento judicial da obrigação tributária, no que se refere aos seus aspectos jurídicos. Quanto aos aspectos fáticos sobre os quais incide a norma tributária, a regra é que não se pode rever judicialmente a confissão de dívida efetuada com o escopo de obter parcelamento de débitos tributários. No entanto, a matéria de fato constante de confissão de dívida pode ser invalidada quando ocorre defeito causador de nulidade do ato jurídico (v.g. erro, dolo, simulação e fraude). Por fim, a confissão de dívida para fins de parcelamento não tem efeitos absolutos, não podendo reavivar crédito tributário já extinto pela prescrição[11].

---

11 STJ, REsp n. 1.298.252/SP, 2ª Turma, Rel. Min. Mauro Campbell Marques, j. em 07/08/2012.

Por isso, a confissão de dívida admite que, mesmo após assinada e até mesmo paga, o devedor possa se valer da ação anulatória produzindo as provas que entender necessárias para impugná-la, porque, se o débito já estava prescrito ou tinha algum vício no lançamento, a confissão de dívida não cobre imperfeições da sua origem.

5. A inversão do ônus da prova contra a Fazenda Pública

A regra do ônus da prova encontra-se prevista no art. 373 do CPC, que o distribui da seguinte forma: "ao autor, quanto ao fato constitutivo do seu direito", e "ao réu, quanto à existência de fato impeditivo, modificativo ou extintivo do direito do autor".

Mas em se tratando da Fazenda Pública, em qualquer lado da ação em que estiver, o próprio ato administrativo constituirá prova inequívoca de legalidade, cabendo ao contribuinte a sua desconstituição, seja pela ilegalidade, inconstitucionalidade ou por ser nulo por qualquer vício.

Porém, essa prova, a despeito de ficar a cargo do contribuinte, pode ser invertida, aplicando-se ao caso o § 1º do art. 373 do CPC, cuja redação está vazada nos seguintes termos: "Nos casos previstos em lei ou diante de peculiaridades da causa relacionadas à impossibilidade ou à excessiva dificuldade de cumprir o encargo nos termos do *caput* ou à maior facilidade de obtenção da prova do fato contrário, poderá o juiz atribuir o ônus da prova de modo diverso, desde que o faça por decisão fundamentada, caso em que deverá dar à parte a oportunidade de se desincumbir do ônus que lhe foi atribuído".

Em muitos casos, dada a capacidade do Poder Público, e pelo fato de contar com corpo técnico possuindo todos os documentos referentes ao ato administrativo, assim como informações de quem o produziu, nada impede que haja inversão do ônus da prova, ou seja, a despeito do princípio da legalidade do ato administrativo, poderá a própria Fazenda Pública ser obrigada a fazer prova de que seu ato está revestido pelo manto da legalidade, em proveito do contribuinte.

Mesmo que isso não seja comum e ainda não tenha se formado uma jurisprudência a respeito da aplicação do § 1º do art. 373 do CPC, certo é que a questão já foi objeto de discussão judicial, como ocorreu no Agravo de Instrumento n. 2134512-56.2018.8.26.0000-

SP, em que, a despeito do não provimento do recurso, ficou consignada, no acórdão, a "possibilidade de inversão do ônus probatório contra a Fazenda Pública em matéria tributária".

Mas, mesmo antes da entrada em vigor do CPC de 2015, em alguns casos essa inversão já ocorria, ou em razão da própria lei ou por construção jurisprudencial, como, por exemplo, no tocante à imunidade atribuída aos templos religiosos. Nessa hipótese, a regra da imunidade, prevista no art. 150, VI, *b*, tem presunção legal militando em favor da entidade religiosa.

Cabe à Fazenda Pública, em caso de cobrança, fazer a prova em sentido contrário, invertendo-se a presunção, não havendo necessidade de requerimento para demonstrar o direito à imunidade a cada exercício. A jurisprudência do Tribunal de Justiça de São Paulo tem aplicado este entendimento e, no mesmo sentido, verifica-se que o Superior Tribunal de Justiça já decidiu que, em se tratando de entidade religiosa, há presunção relativa de que imóvel de sua propriedade seja destinado a atender as suas finalidades essenciais, cabendo "à Fazenda Pública, nos termos do artigo 333, inciso II, do CPC, apresentar prova de que o terreno em comento estaria desvinculado da destinação institucional"[12].

Esse posicionamento já ficou assentado em mais de uma oportunidade pela Corte Especial no sentido de que compete ao município "o ônus de apresentar prova impeditiva, modificativa e extintiva ao gozo da imunidade constitucional assegurada às entidades religiosas, cabendo àquele demonstrar que os imóveis pertencentes a essas entidades estão desvinculados da destinação institucional"[13].

O Supremo Tribunal Federal, ao examinar caso semelhante, encaminhou a decisão naquela mesma direção, confirmando o entendimento da existência de "presunção de que o imóvel ou as rendas da entidade religiosa estão afetados a suas finalidades insti-

---

12 STJ, AgRg n. AREsp n. 417.964/ES, 2ª Turma, Rel. Min. Herman Benjamin, j. em 11/03/2014.

13 STJ, AgRg n. AREsp n. 380.953/ES, 2ª Turma, Relª. Minª. Eliana Calmon, j. em 07/11/2013. A citação indica também para fundamentar o acórdão oriundo da Apelação Civil n. 0003280-78.2012.8.26.0609 (TJSP, 15ª Câmara de Direito Público, Rel. Des. Eutálio Porto, j. em 12/04/2018).

tucionais milita em favor da entidade. Cabe ao fisco o ônus de elidir a presunção, mediante prova em contrário"[14].

Também é possível a inversão do ônus da prova quando se tratar das situações previstas no art. 148 do CTN, pois, conforme indica o próprio comando legal, nos casos em que o lançamento ocorre por homologação, em que o próprio contribuinte oferece os elementos que indicam o fato gerador, a base de cálculo, recolhendo o tributo, para que seja alterado o lançamento pela Fazenda Pública, por arbitramento, ela deve antes comprovar que há algum equívoco nas informações prestadas, o que deve ser feito mediante a abertura de procedimento administrativo com as garantias do princípio do contraditório e da ampla defesa.

Nesse sentido tem sido o entendimento jurisprudencial, como se observa pelo trecho do seguinte acórdão do STJ: "Acrescente-se que a apuração do valor da base de cálculo do imposto pode ser feita por arbitramento nos termos do art. 148 do CTN quando for certa a ocorrência do fato imponível e a declaração do contribuinte não mereça fé, em relação ao valor ou preço de bens, direitos, serviços ou atos jurídicos registrados. Nesse caso, a Fazenda Pública fica autorizada a proceder ao arbitramento mediante processo administrativo-fiscal regular, assegurados o contraditório e a ampla defesa".[15]

Para desafiar o lançamento efetuado pelo contribuinte, não basta um ato unilateral da Fazenda Pública, ao contrário, deverá ser instaurado um procedimento administrativo com as garantias do art. 5º, LV, da Constituição Federal.

E no tocante às decisões judiciais em que se reconhece um determinado direito, poderia essa decisão protrair-se no tempo ou haverá a necessidade de se fazer prova do direito a cada novo lançamento?

Se se considerar a *ratio essendi* da Súmula 239 do Supremo Tribunal Federal, a resposta será negativa, porque o entendimento que dela se extrai é que a declaração indevida de "cobrança do

---

14 STF, AgRg n. ARE n. 1.037.290/DF, 2ª Turma, Rel. Min. Dias Toffoli, j. em 21/08/2017.

15 STJ, REsp n. 1.816.701/SP, 2ª Turma, Rel. Min. Herman Benjamin, j. em 25/06/2019.

imposto em determinado exercício não faz coisa julgada em relação aos posteriores".

Com isso, em tese, nos casos de tributos lançados de forma contínua, como os de IPTU, todos os anos deve haver a validação do direito pela via administrativa ou judicial para que o contribuinte possa afastar o lançamento, caso a Fazenda Pública insista em cobrá-lo. Porém, os tribunais têm mitigado esta Súmula, ainda que de maneira cautelosa: quando a situação jurídica não se modifica, ou seja, se não houver alteração legislativa referente ao que fora reconhecido judicialmente não há necessidade de impugnação todos os anos, tendo validade a decisão judicial até que haja modificação no plano legislativo ou que a Fazenda Pública demonstre alteração no plano fático, modificando o teor da decisão judicial.

Segundo julgado do STJ, desde que a decisão tenha tratado "da relação de direito material, declarando a inexistência de relação jurídico-tributária, deve ser afastada a Súmula 239/STF, a qual se aplica somente no plano do direito tributário formal, quando independentes os lançamentos em cada exercício financeiro".[16]

Ainda sobre a mitigação da Súmula 239 do STF, o entendimento pretoriano é no sentido de que "a cobrança do tributo produz efeitos até que sobrevenha legislação a estabelecer nova relação jurídico-tributária".[17]

Mas, nesse caso, diante da alteração tanto da situação fática quanto da legislação, cabe ao contribuinte a responsabilidade em proceder segundo a modificação fática e/ou legislativa, porque, no caso de alteração de situação fática, o contribuinte está obrigado a informá-la à autoridade administrativa, pois, se esta não teve conhecimento, pode retroagir o lançamento à data da alteração. E, havendo mudança na lei, pode ocorrer o lançamento, mas se a Fazenda Pública não o faz, está o contribuinte obrigado a provocá-la, porque, em razão do princípio da publicidade das leis, deve recolher o tributo com base na nova legislação.

---

16 STJ, REsp n. 783.519/SP, 2ª Turma, Rel. Min. Mauro Campbell Marques, j. em 23/03/2009.

17 STJ, REsp n. 731.250/PE, 2ª Turma, Relª. Minª. Eliana Calmon, j. em 17/04/2007.

6. Da indisponibilidade dos direitos e os efeitos da revelia e da confissão

Como fartamente aqui demonstrado, nas disputas com a Fazenda Pública há a necessidade de se cuidar das provas, pois se trata de matéria delicada em que há uma disparidade de armas, sendo o contribuinte a parte mais fraca, pois, além de a Fazenda Pública possuir prazo em dobro para os recursos, há ainda a proteção dos interesses do Estado como um ato de ofício e de incumbência do próprio Poder Judiciário; por isso existe a remessa necessária em que, independentemente de recurso voluntário, os autos subirão ao tribunal para exame, assim como também não se aplicam os efeitos da revelia.

Isso decorre do art. 496 do CPC, que, a depender do valor da causa, cujos montantes estão descritos no § 3º, assegura o "duplo grau de jurisdição, não produzindo efeito senão depois de confirmada pelo tribunal, a sentença" quando "proferida contra a União, os Estados, o Distrito Federal, os Municípios e suas respectivas autarquias e fundações de direito público".

Abrange ainda o recurso necessário a sentença "que julgar procedentes, no todo ou em parte, os embargos à execução fiscal" (inciso II). De modo que, mesmo que não haja recurso de apelação é posta sob a responsabilidade do magistrado a determinação da remessa dos autos ao tribunal, cabendo, em caso de omissão, a avocação pelo presidente da Corte.

Em razão da indisponibilidade dos direitos, tem reconhecido a jurisprudência, consoante decisão do STJ, que: "Não se aplica à Fazenda Pública o efeito material da revelia, nem é admissível, quanto aos fatos que lhe dizem respeito, a confissão, pois os bens e direitos são considerados indisponíveis"[18].

Também em sede de mandado de segurança, a lei determina que, independentemente de recurso da autoridade coatora, os autos subam ao tribunal, aplicando-se obrigatoriamente, nesse caso, o duplo grau de jurisdição, quando a sentença conceder a segurança (art. 14, § 1º, da Lei n. 12.016/2009).

---

18 AgRg n. REsp 1.170.170/RJ - AGRAVO REGIMENTAL NO RECURSO ESPECIAL - 2009/0238262-9.

Por fim, tratando-se de demanda contra ato da Fazenda Pública, a lei garante uma série de proteções, porque eventual prejuízo que possa ocorrer em uma demanda judicial por incúria da defesa é da própria sociedade. Por isso, deve o contribuinte zelar pelas provas, assim como agir com cautela nessas demandas, pois a disparidade de armas é uma premissa que se leva em consideração a favor da Fazenda Pública quando da análise do caso posto em juízo.

BIBLIOGRAFIA

THEODORO JÚNIOR, Humberto. *Lei de execução fiscal*. 13. ed. São Paulo: Saraiva, 2016.

A FAZENDA EM JUÍZO: REFLEXÕES SOBRE A CONCESSÃO DE LIMINAR E A COMINAÇÃO DE *ASTREINTES*

José Maria Câmara Júnior

SUMÁRIO: 1. Introdução – 2. As prerrogativas da Fazenda e as tutelas de urgência – 3. O problema da multa cominada contra a Fazenda – 4. Responsabilidade direta e pessoal do agente público – 5. Conclusão.

1. Introdução

Dentre os muitos temas capazes de despertar grande interesse na comunidade que se dedica ao estudo do processo civil, certamente a atuação do Poder Público em juízo se situa entre os de maior destaque, seja porque é muito comum o Estado figurar nas relações processuais[1], seja porque há um regime jurídico específico que assegura tratamento diferenciado para a Fazenda Pública.

Nesse quadro, qualquer texto enxuto, como o presente, que pretenda versar o tema precisará, inexoravelmente, fazer um corte e delimitar o campo de abordagem para destacar, na quadra disse-

1 Dados estatísticos oficiais, veiculados no *Diário da Justiça Eletrônico* pelo Tribunal de Justiça de São Paulo datado de 14/01/2019, revelam que, no ano de 2018, a Seção de Direito Público recebeu mais de 167 mil processos, entre recursos e ações originárias. O universo de demandas em tramitação no Judiciário deste Estado de São Paulo, no mês de fevereiro do corrente ano, somava pouco mais de 20 milhões (20.027.428), sendo que, destes, 11 milhões eram execuções fiscais (11.858.663).

cada, os aspectos que considerar mais relevantes. A proposta do estudo discorre sobre aspectos processuais da concessão de liminar contra a Fazenda Pública e espera contribuir para a reflexão e o debate acerca das questões relevantes apontadas na doutrina e na jurisprudência.

E nem poderia ser diferente, honrado com o convite para participar da coletânea do Centro de Apoio do Direito Público - CADIP, espero retribuir a expectativa dos organizadores, sempre lembrando, desde já, que faço proposta de um ensaio longe de qualquer propósito de caráter científico, até porque impossível, vez que tal atividade exige exclusiva dedicação daqueles que promovem a pesquisa e contribuem para a produção da ciência jurídica. Aqui, como não poderia deixar de ser, o objetivo é simplesmente promover uma abordagem de cunho empírico percorrendo sobre as alternativas dos intérpretes diante da tarefa para identificar o conteúdo e o alcance das normas processuais.

Sem pretender avançar sobre todas as dificuldades e dúvidas do intérprete em relação aos temas que gravitam em torno da Fazenda Pública em juízo, pretendo formular apontamentos sobre o tratamento normativo e doutrinário conferido às hipóteses de concessão de liminares contra o Poder Público, identificando um panorama geral estabelecido pelo CPC/2015, com especial ênfase para o emprego de medidas judiciais para a efetivação das obrigações impostas ao Estado.

Como veremos, eu e o leitor, existem limitações para a concessão de liminares em face do Poder Público, que se acham inseridas em um quadro maior de prerrogativas conferidas ao Estado, e se torna necessário investigar qual a extensão dessas restrições, e se há margem de manobra para o emprego de meios coercitivos e indutivos para o cumprimento das decisões.

O estudo transborda para a responsabilidade do gestor público, enquanto agente estatal encarregado do cumprimento da ordem emanada da autoridade judiciária competente, e, por isso, defende a sujeição às providências sancionatórias considerando a obrigação que possuem, como detentores de parcela de poder estatal, de velarem pelo respeito ao Estado de Direito.

2. As prerrogativas da Fazenda e as tutelas de urgência

O sistema processual reúne normas que asseguram a prevalência do interesse público em detrimento do interesse particular, conferindo tratamento diferenciado para a Fazenda Pública em juízo.

A proteção do ente público pode ser identificada em algumas passagens do Código de Processo Civil e de outras leis especiais, como aquelas que regem o mandado de segurança e as ações coletivas, popular e civil pública. Tais normas estabelecem tratamento desigual em situações desiguais, na exata medida da imparidade entre o particular e o Poder Público.

Não pretendo discorrer e interpretar todas as normas que albergam as prerrogativas processuais da Fazenda Pública, mas sim enfrentar questões que surgem a partir da concessão de liminares e despertam a atenção do intérprete na doutrina e na jurisprudência. Como se sabe, a própria lei processual estabelece hipóteses restritivas para a concessão de liminar e, ainda, cria mecanismos para buscar a suspensão da ordem judicial.

O art. 7º, § 2º, da Lei n. 12.016/2009 estabeleceu restrições para a concessão de liminar para obter a suspensão do ato praticado pela autoridade coatora, em sede de mandado de segurança individual ou coletivo, enquanto o § 5º estendeu as mesmas limitações para as tutelas antecipadas previstas nos arts. 372 e 462 do CPC/73.

Dentre as hipóteses que proíbem a concessão de liminar[2] destaca-se aquela em que não será possível determinar *initio litis* o cumprimento de obrigação de natureza pecuniária e, para tanto, a vedação privilegia e promove a exclusiva gestão dos recursos financeiros pelo Estado. A norma impede a ingerência direta do controle jurisdicional sobre o planejamento e a expectativa orçamentária dos entes públicos e, para tanto, anuncia a prevalência do interesse público e a subordinação do interesse particular em situações ex-

---

2 As vedações registram as hipóteses em que a liminar determina a compensação de créditos tributários, a entrega de mercadorias e bens provenientes do exterior, a reclassificação ou equiparação de servidores públicos e concessão de aumento ou a extensão de vantagens e, por último, o pagamento de qualquer natureza.

tremadas como tais, de molde a justificar a vedação à liminar relativa ao pagamento de dinheiro pelo Estado.

Por essa razão, inclusive, exige-se[3] o trânsito em julgado da decisão que estabelece a obrigação para a Fazenda promover o pagamento de qualquer valor monetário. E mais: a ordem de pagar dinheiro se sujeita ao regime de precatórios para garantir previsibilidade aos gastos públicos e, por isso, deve existir uma compatibilização entre a regra processual que disciplina a tutela provisória e a vedação à determinação judicial *initio litis* para prestação de obrigação pecuniária.

Restringir a concessão de liminar que estabelece a obrigação de pagar dinheiro não significa interpretar que, igualmente, não será possível determinar, em sede de cognição sumária, a obrigação consistente na criação de despesas excepcionais, não previstas no orçamento do Estado. Algo bem diverso sucede na liminar que estabelece a obrigação de fazer ou não, e, também, entregar coisa. Tais hipóteses não se subordinam à vedação legal.

---

3 CF/88: "Art. 100. Os pagamentos devidos pelas Fazendas Públicas Federal, Estaduais, Distrital e Municipais, em virtude de sentença judiciária, far-se-ão exclusivamente na ordem cronológica de apresentação dos precatórios e à conta dos créditos respectivos, proibida a designação de casos ou de pessoas nas dotações orçamentárias e nos créditos adicionais abertos para este fim (Redação dada pela Emenda Constitucional n. 62, de 2009). § 1º Os débitos de natureza alimentícia compreendem aqueles decorrentes de salários, vencimentos, proventos, pensões e suas complementações, benefícios previdenciários e indenizações por morte ou por invalidez, fundadas em responsabilidade civil, em virtude de sentença judicial transitada em julgado, e serão pagos com preferência sobre todos os demais débitos, exceto sobre aqueles referidos no § 2º deste artigo. (Redação dada pela Emenda Constitucional n. 62, de 2009). § 3º O disposto no *caput* deste artigo relativamente à expedição de precatórios não se aplica aos pagamentos de obrigações definidas em leis como de pequeno valor que as Fazendas referidas devam fazer em virtude de sentença judicial transitada em julgado. (Redação dada pela Emenda Constitucional n. 62, de 2009). (...) § 5º É obrigatória a inclusão, no orçamento das entidades de direito público, de verba necessária ao pagamento de seus débitos, oriundos de sentenças transitadas em julgado, constantes de precatórios judiciários apresentados até 1º de julho, fazendo-se o pagamento até o final do exercício seguinte, quando terão seus valores atualizados monetariamente" (Redação dada pela Emenda Constitucional n. 62, de 2009).

Essa preocupação orienta, frequentemente, a jurisprudência sobre o assunto[4].

O entendimento considera a conveniência de se estabelecerem regras vocacionadas para limitar a concessão de tutelas de urgência contra o Estado a fim de preservar o orçamento público. Por esse pensamento, a previsão orçamentária da Administração não deve ser constantemente surpreendida por decisões liminares que ordenem imediato dispêndio financeiro e, por isso, a restrição considera fundamentalmente o interesse público na manutenção da esta-

---

4 A título exemplificativo, cumpre destacar o entendimento externado pelo STF no julgamento da ADC n. 4, que tinha por objeto o art. 1º da Lei Federal n. 9.494/97, e foi assim ementado: "AÇÃO DECLARATÓRIA DE CONSTITUCIONALIDADE - PROCESSO OBJETIVO DE CONTROLE NORMATIVO ABSTRATO - NATUREZA DÚPLICE DESSE INSTRUMENTO DE FISCALIZAÇÃO CONCENTRADA DE CONSTITUCIONALIDADE - POSSIBILIDADE JURÍDICO-PROCESSUAL DE CONCESSÃO DE MEDIDA CAUTELAR EM SEDE DE AÇÃO DECLARATÓRIA DE CONSTITUCIONALIDADE - INERÊNCIA DO PODER GERAL DE CAUTELA EM RELAÇÃO À ATIVIDADE JURISDICIONAL - CARÁTER INSTRUMENTAL DO PROVIMENTO CAUTELAR CUJA FUNÇÃO BÁSICA CONSISTE EM CONFERIR UTILIDADE E ASSEGURAR EFETIVIDADE AO JULGAMENTO FINAL A SER ULTERIORMENTE PROFERIDO NO PROCESSO DE CONTROLE NORMATIVO ABSTRATO - IMPORTÂNCIA DO CONTROLE JURISDICIONAL DA RAZOABILIDADE DAS LEIS RESTRITIVAS DO PODER CAUTELAR DEFERIDO AOS JUÍZES E TRIBUNAIS - INOCORRÊNCIA DE QUALQUER OFENSA, POR PARTE DA LEI n. 9.494/97 (ART. 1º), AOS POSTULADOS DA PROPORCIONALIDADE E DA RAZOABILIDADE - LEGITIMIDADE DAS RESTRIÇÕES ESTABELECIDAS EM REFERIDA NORMA LEGAL E JUSTIFICADAS POR RAZÕES DE INTERESSE PÚBLICO - AUSÊNCIA DE VULNERAÇÃO À PLENITUDE DA JURISDIÇÃO E À CLÁUSULA DE PROTEÇÃO JUDICIAL EFETIVA - GARANTIA DE PLENO ACESSO À JURISDIÇÃO DO ESTADO NÃO COMPROMETIDA PELA CLÁUSULA RESTRITIVA INSCRITA NO PRECEITO LEGAL DISCIPLINADOR DA TUTELA ANTECIPATÓRIA EM PROCESSOS CONTRA A FAZENDA PÚBLICA - OUTORGA DE DEFINITIVIDADE AO PROVIMENTO CAUTELAR QUE SE DEFERIU, LIMINARMENTE, NA PRESENTE CAUSA - AÇÃO DECLARATÓRIA DE CONSTITUCIONALIDADE JULGADA PROCEDENTE PARA CONFIRMAR, COM EFEITO VINCULANTE E EFICÁCIA GERAL E *EX TUNC*, A INTEIRA VALIDADE JURÍDICO-CONSTITUCIONAL DO ART. 1º DA LEI 9.494, DE 10/09/1997, QUE "DISCIPLINA A APLICAÇÃO DA TUTELA ANTECIPADA CONTRA A FAZENDA PÚBLICA" (STF, ADC 4, Relator. Min. Sydney Sanches, Relator p/ Acórdão Min. Celso De Mello, Tribunal Pleno, j. 01/10/2008, *Dje* 30/10/2014).

bilidade financeira do ente estatal. Nesse cenário, o cotejo de valores jurídicos, inclusive aqueles que emprestam garantia para os direitos fundamentais, protegendo o direito subjetivo do cidadão, abre espaço para a prevalência do interesse de toda a sociedade em relação à saúde financeira do Estado.

Diante desse quadro, em que se considera justificável o estabelecimento de mecanismos inibitórios para concessão de liminares contra o Poder Público, interessa saber se será possível a interpretação extensiva das restrições da Lei Federal n. 12.016/2009, que disciplina o processamento do mandado de segurança, ao provimento judicial consistente nas tutelas provisórias previstas no CPC.

Aqui, se quer perscrutar se a melhor interpretação sobre uma norma proibitiva será sempre restritiva, porque o Código de Processo Civil contempla normas voltadas à efetividade da tutela jurisdicional e, com isso, determina a sujeição das partes aos mecanismos e instrumentos processuais, com as ressalvas das hipóteses legais que anunciam as prerrogativas processuais da Fazenda Pública. Portanto, renova-se a dúvida sobre a extensão das restrições previstas no art. 7º, § 5º, da Lei n. 12.016/2009.

As dúvidas criam para o intérprete a tarefa para melhor extrair o conteúdo das limitações do art. 1.059 do CPC/2015[5] e da Lei que rege o Mandado de Segurança.

A primeira abordagem considera a limitação para as tutelas provisórias previstas no CPC/2015 e, especialmente, aquelas fundadas na evidência do direito, na forma dos incisos I e II do art. 311.

Será possível estabelecer raciocínios distintos para as tutelas de urgência e de evidência? As limitações versam apenas sobre as tutelas de urgência ou podem abranger também as tutelas de evidência?

A questão foi enfrentada no âmbito do Fórum Permanente de Processualistas Civis, ocasião em que foi aprovado o Enunciado no

---

5 "Art. 1.059. À tutela provisória requerida contra a Fazenda Pública aplica-se o disposto nos arts. 1º a 4º da Lei n. 8.437, de 30 de junho de 1992, e no art. 7º, § 2º, da Lei n. 12.016, de 7 de agosto de 2009."

35, segundo o qual "as vedações à concessão de tutela provisória contra a Fazenda Pública limitam-se às tutelas de urgência".

Interessa saber se incidem as restrições legais se ficar caracterizado abuso do direito de defesa ou o manifesto propósito protelatório da Fazenda Pública em juízo, ou, ainda, se o direito afirmado pelo autor estiver demonstrado em documento e amparado em tese firmada em julgamento de casos repetitivos ou em súmula vinculante.

A tutela provisória de evidência será concedida sempre - mas não apenas nesses casos - que houver o desvio e distanciamento da boa-fé esperada da parte, mediante emprego de medidas protelatórias que buscam controverter e impugnar demandas e decisões motivadas pelos precedentes que reúnem carga normativa vinculante, extraídos de julgamento em regime de repetitivos ou em súmula vinculante.

Nas duas situações parece possível afirmar que a evidência da transgressão jurídica pelo ente público desafia outra interpretação para avançar além da consistência jurídica da alegação, diferenciando-a da tutela de urgência, a fim de definir um provimento judicial que ultrapassa a convicção sumária e subjetiva do julgador e, até, permite o julgamento fracionado de mérito, se o caso.

Ora, se incumbe ao poder público o dever de garantir e aplicar a ordem jurídica, seguramente dele se exige muito mais diante da conduta em juízo que aponta para a transgressão do direito e enseja a imediata intervenção jurisdicional. Por isso, será possível imaginar, aqui, a não incidência das limitações para a tutela de evidência.

Quer dizer que será necessário municiar o julgador com artifícios para contornar eventual comportamento processualmente não desejável do Estado, distanciado dos princípios que norteiam a cooperação e a lealdade, a fim de mitigar os efeitos que o tempo projeta sobre o direito material controvertido, ainda que não seja possível avançar para o imediato julgamento do pedido.

Resumidamente, interpreta-se que o ônus associado ao tempo que o processo toma para conduzir ao julgamento deve ser carreado à parte que deixa de contribuir para um julgamento célere e justo.

Nessas situações, parece indispensável considerar que o comportamento da Fazenda Pública em juízo não habita a mente do legislador que estabelece a vedação absoluta para a concessão da tutela provisória. Isto é, impõe-se o reconhecimento de que a norma restritiva não foi concebida para aplicação nos casos em que o Estado opõe injustificada resistência ao andamento do processo ou adota outro comportamento que, igualmente nefasto, tem potencial para frustrar a expectativa de satisfação do direito material.

Chama a atenção, portanto, que a limitação imposta pela legislação processual para concessão de tutela provisória acaba por vulnerar a própria promessa constitucional de inafastabilidade da jurisdição, para tornar possível sustentar que, interpretando a função do processo à luz de seu modelo constitucional, não incidirá a vedação legal em casos assim.

Mas, por outro lado, a redação do art.1.059 do Código de Processo Civil deixa claro que a lei fez opção ao estabelecer expressamente que a restrição atinge a tutela provisória.

Nesse sentido, será excepcional a mitigação da vedação legal nos casos da tutela da evidência, porque da letra da lei é perfeitamente possível extrair que o objetivo é limitar a concessão de tutela provisória tanto na situação de urgência como também na de evidência, já que o dispositivo emprega a terminologia que abarca o gênero (tutela provisória), e não uma de suas espécies (tutela de urgência ou tutela de evidência). Em princípio, não será possível considerar que a limitação para concessão da tutela abarca apenas as hipóteses de urgência. Mas, a despeito da restrição legal, em realidade não será possível estender às cegas sua aplicação se ocorrer o indesejável comportamento nocivo do Estado.

Outra peculiaridade associada à atuação do Poder Público em juízo considera a existência de um mecanismo especificamente voltado para a suspensão dos efeitos das liminares, o qual instaura controle tipicamente político de atos jurisdicionais.

A par da existência do recurso de agravo de instrumento para impugnar a concessão de liminar na ação civil pública (Lei n. 7.347/85), será possível requerer a suspensão da liminar diretamente ao presidente do respectivo Tribunal, se houver "manifesto interesse público ou flagrante ilegitimidade, para evitar grave lesão à ordem, à saúde, à segurança, e à economia públicas", com fundamento no § 1º do art. 12 da Lei n. 7.347/85.

Esse mecanismo foi posteriormente estendido a toda e qualquer liminar, por meio do art. 4º, *caput* e § 1º, da Lei n. 8.437/92.

Anota-se que referido pedido não possui natureza recursal e não promove o reexame da matéria, mas apenas permite a cognição sobre o potencial de lesão ao interesse público que deve prevalecer, e, por isso, serve para subtrair os efeitos da liminar. Assim, o deferimento do pedido de suspensão da liminar não significa a reforma ou invalidação, tampouco a desconstituição do ato judicial, e, por isso, não reúne efeito substitutivo.

A possibilidade é estendida para as hipóteses de tutela antecipada, como anuncia o art. 1º da Lei n. 9.494/97[6].

É imperativo que também nestas situações o comportamento da Fazenda seja submetido a escrutínio a fim de formular juízo político quanto ao deferimento do pedido de suspensão.

3. O problema da multa cominada contra a Fazenda

Em meio às prerrogativas processuais conferidas ao Poder Público, muito se discutiu também acerca da possibilidade de cominar multa para induzir o Estado ao cumprimento de uma dada obrigação fixada judicialmente.

A questão se tornou controvertida após a alteração do CPC/73 pela Lei Federal n. 8.952/94, para modificar a redação dada ao art. 461 do Código revogado, a fim de prescrever a prevalência da tutela específica e a possibilidade de cominação de multa, inclusive independentemente de iniciativa da parte, para induzir o devedor ao cumprimento da obrigação.

A multa, então prevista no art. 461, § 4º, daquele Código, tem caráter claramente indutivo, e não pretende estabelecer uma compensação pecuniária ao credor para a hipótese de inadimplemento por parte do devedor. Interpreta-se, com isso, que a fisiologia da multa pretende que ela não seja aplicada, somente se tornando exigível se verificada a patologia associada ao descumprimento da

---

6 "Art. 1º Aplica-se à tutela antecipada prevista nos arts. 273 e 461 do Código de Processo Civil o disposto nos arts. 5º e seu parágrafo único e 7º da Lei n. 4.348, de 26 de junho de 1964, no art. 1º e seu § 4º da Lei n. 5.021, de 9 de junho de 1966, e nos arts. 1º, 3º e 4º da Lei n. 8.437, de 30 de junho de 1992."

ordem judicial. Ela decerto não tem natureza indenizatória e não abre para o devedor a faculdade de arcar com a sanção em troca de não adimplir a obrigação. Desse modo, a providência sancionatória não foi criada para ser exigida de imediato, mas sim para servir de meio indutivo e coercitivo para inibir a crise de adimplemento do obrigado.

Por isso, percebe-se que a multa pretende influir de modo decisivo no comportamento da parte, a fim de que ela cumpra a obrigação justamente para não se sujeitar à sanção pecuniária.

Nesse contexto, a questão que se coloca diz respeito à eficácia dessa medida de apoio para os casos em que a obrigação se constitua em face do Poder Público. A absorção do mecanismo de tutela diferenciada ganhou resistência entre nós. Existem registros doutrinários relevantes apontando o insucesso da medida, como se vê:

> Entendemos, também, serem inviáveis a cominação e imposição de multa contra pessoa jurídica de direito público. Os meios executivos contra a Fazenda Pública são outros. Contra esta, a multa não tem nenhum efeito cominatório, porque não é o administrador renitente que irá pagá-la, mas os cofres públicos, ou seja, o povo. Não tendo efeito cominatório, não tem sentido sua utilização como meio executivo (GRECO FILHO, 2009).

> Tudo isso nos leva a concluir que o direito brasileiro evoluiu no sentido de não permitir que a administração escolha entre praticar o ato e indenizar o dano causado: a administração tem de cumprir a ordem ou decisão judicial em forma 'específica', e não pela forma 'reparatória'. Isto é princípio geral relativo às ações processadas por qualquer rito e não apenas às processadas na forma de mandado de segurança (BARBI, 2009)[7].

> É sabido que um dos casos em que a multa se revela imprestável como meio coercitivo é aquele em que ela é imposta contra o poder público. Porque o titular do cargo público não sofre, pessoalmente, a ameaça do meio coercitivo, dificilmente se sente estimulado a cumprir a ordem judicial - em especial quando o descumprimento lhe gerar algum benefício (muitas vezes político). Em tais casos, tem-se cogitado da aplicação da

---

7 p. 254.

> multa coercitiva não exatamente ao poder público, mas sim ao agente que tem a incumbência de agir conforme a determinação judicial. Mas será isso viável e legítimo?
>
> (...)
>
> De outra parte, evidentemente, a multa aplicada contra o estado não tem nenhuma eficácia, como se viu anteriormente. Se a intenção da multa é vencer a vontade do renitente, ela só pode ter por sujeito passivo, evidentemente, aquele que tem vontade. O Estado não tem, autonomamente, vontade, de modo que jamais poderia ser o sujeito passivo dessa multa (ARENHART, 2008)[8].

Acontece que a doutrina e a jurisprudência construíram interpretação diversa para recepcionar a medida de apoio nas situações em que a ordem judicial foi proferida contra a Fazenda Pública.

Como se sabe, o entendimento favorável à admissibilidade da multa acabou prevalecendo no âmbito do STJ[9]. Certamente o cabimento da providência sancionatória não significa propriamente exigir de plano a sua satisfação pelo ente público, isso porque a exigibilidade irá se sujeitar à sistemática do precatório, a partir da definitividade da decisão que a fixar.

---

8 p. 2-3.

9 "5. É possível ao juiz, de ofício ou a requerimento da parte, fixar multa diária cominatória - astreintes -, ainda que contra a fazenda pública, em caso de descumprimento de obrigação de fazer. Precedentes: AgRg n. REsp 1.352.877/SP, Rel. Ministro Benedito Gonçalves, Primeira Turma, *Dje* 18/03/2013; AgRg n. AREsp 267.358/CE, Rel. Ministro Herman Benjamin, Segunda Turma, *Dje* 22/05/2013." (STJ, REsp. 1.654.994/SE, Rel. Ministro Herman Benjamin, j. 06/04/2017, Segunda Turma, *Dje* 25/4/2017)".
"PROCESSUAL CIVIL E ADMINISTRATIVO. AGRAVO REGIMENTAL NO RECURSO ESPECIAL. OBRIGAÇÃO DE FAZER. APLICAÇÃO DE MULTA CONTRA A FAZENDA PÚBLICA (ASTREINTES). POSSIBILIDADE. JURISPRUDÊNCIA PACÍFICA DO STJ. 1. Esta Corte Superior de Justiça possui entendimento sedimentado de que, em se tratando de obrigação de fazer, é permitida ao juízo a imposição de multa cominatória ao devedor, mesmo que seja contra a fazenda pública. AgRg n. REsp 1129903/GO, Rel. Ministro Hamilton Carvalhido, Primeira Turma, *Dje* 24/11/2010; AgRg n. Ag 1247323/SC, Rel. Ministro Herman Benjamin, Segunda Turma, *Dje* 01/07/2010; AgRg n. REsp 1064704/SC, Rel. Ministro Francisco Falcão, Primeira Turma, *Dje* 17/11/2008). 2. Agravo regimental não provido" (STJ, AgRg n. Resp. 1.358.472/RS, Rel. Ministro Benedito Gonçalves, j. 15/08/2013, Primeira Turma, *Dje* 22/08/2013).

Irrelevante saber se a providência sancionatória foi aplicada em sede de decisão interlocutória ou sentença, porquanto sempre será aplicada para servir como medida de apoio e, para tanto, deve reunir potencial e aptidão para viabilizar a efetividade da tutela.

Nesse contexto, conclui-se que a medida de apoio contra a Fazenda Pública por si só não tem o condão de conferir efetividade para o provimento a partir da simples aplicação da multa, porquanto estará submetida ao regime do precatório, o que seguramente retira o potencial coercitivo das astreintes e a própria razão de ser da providência sancionatória voltada à realização da ordem judicial.

Mas nem sempre é assim. A possibilidade de sujeição da Fazenda ao pagamento da multa pode gerar, eventualmente, um comportamento curioso por parte do Estado. Recentemente, nos deparamos com situação em que a Fazenda se insurgiu contra decisão judicial que estabeleceu obrigação de fazer e cominou multa. A pretensão recursal registrava o interesse em convolar a multa (que seria objeto de execução por meio de precatório) em sequestro de verbas (que enseja a disponibilidade imediata da verba), porque a Procuradoria do Estado considerava que a medida seria menos gravosa aos cofres públicos. O recurso foi provido em parte, em Acórdão assim ementado:

> AGRAVO DE INSTRUMENTO. ATO JUDICIAL IMPUGNADO. DEFERIMENTO DE TUTELA PROVISÓRIA EM SEDE DE AÇÃO DE OBRIGAÇÃO DE FAZER. FORNECIMENTO DE MEDICAMENTOS. REQUISITOS PARA CONCESSÃO DE TUTELA PROVISÓRIA DE URGÊNCIA. Cognição não exauriente do substrato da ação. Consistência jurídica da alegação. Documentos acostados aos autos informam o quadro de necessidade e aptidão do tratamento com o uso do medicamento pretendido. Incidência do entendimento sedimentado no recurso representativo de controvérsia Tema 106 pelo Superior Tribunal de Justiça. Falta de consistência para a alegação do agravante, no sentido de que a agravada não teria comprovado a ineficácia do tratamento padronizado. Laudo médico que atesta a utilização de medicamentos padronizados sem melhora do quadro patológico. Estabelecimento de requisitos cumulativos para a concessão de medicamentos não constantes dos atos normativos do SUS. Aparente preenchimento de todos os requisitos. Situação de risco caracterizada. FORNECIMENTO DE MEDICAMENTOS. "ASTREINTES". Multa diária em R$

> 10.000,00. Medida de apoio legítima e compatível com o conteúdo econômico da obrigação de fazer, pois o custo mínimo do tratamento ultrapassa R$ 140.000,00. A providência sancionatória é da essência da tutela específica e expressa verdadeiro mecanismo de indução ou indutivo, que serve para influenciar e induzir o sancionado ao comportamento que dele se espera diante da ordem judicial, motivo pelo qual deve ser adequado, compatível e necessário. Hipótese em que a medida foi fixada em valor razoável, considerando a extrema necessidade da parte para que o ente público promova o fornecimento dos medicamentos. CONVERSÃO DA PROVIDÊNCIA SANCIONATÓRIA. A medida de apoio deve reunir aptidão e potencial para atingir sua finalidade. Substituição da multa cominatória, em caráter excepcional, pelo sequestro de verba pública durante os primeiros trinta dias da concessão da liminar. Admissibilidade. Possibilidade de demora inerente aos trâmites administrativos para a aquisição dos medicamentos. O valor da multa diária fixada (R$ 10.000,00) parece significativo em razão da exiguidade do prazo, o que autoriza, excepcionalmente, o deferimento do pedido formulado pela própria devedora de substituição da medida de apoio coercitiva pelo meio de sub-rogação. Prevalência do direito fundamental à saúde sobre as prerrogativas de pagamento e interesses financeiros da Fazenda Pública. Precedente do Superior Tribunal de Justiça. RECURSO PARCIALMENTE PROVIDO (TJSP, Agravo de Instrumento 3002810-33.2019.8.26.0000, Rel. Des. José Maria Câmara Junior, 8ª Câmara de Direito Público, j. 18/09/2019).

Por tudo isso, percebe-se que a questão não é tão simples e merece maior reflexão, daí por que não será possível imunizar a Fazenda Pública das medidas de apoio previstas na lei, tampouco interpretar que terá ela toda essa amplitude da prerrogativa processual. O Código de Processo Civil contém um mecanismo estruturado para absorver um conjunto de medidas de indução e coercitivas que podem ser empregadas, sem instaurar um cenário de incompatibilidade com normas processuais que conferem proteção ao interesse público sempre que o ente público estiver em juízo.

O próprio sequestro constitui providência alternativa para casos excepcionais, como a obrigação de fornecer determinado medicamento, por exemplo. Igualmente possível adotar outras medidas que permitem atingir o resultado prático equivalente, como se dá nas situações em que o Estado cumpre a determinação de internação de um toxicômano mediante abrigamento em entidade conveniada, não integrante do sistema público de saúde, ou, ainda, nos casos em que, hipoteticamente, o Estado distribui *vouchers* a pessoas necessitadas que deveriam ser contempladas com programa de alimentação popular em restaurantes subvencionados que, por condenação, devam estruturar ("prato popular").

Seja como for, a questão é revisitada ainda por Leonardo Carneiro da Cunha (2014), que sinaliza entendimento capaz de conciliar a aplicabilidade da multa com direcionamento da responsabilidade pelo pagamento que pode reafirmar a efetividade da medida. Nesse sentido:

> Na verdade, existem as chamadas medidas de apoio de que se vale o juiz para coagir ou convencer a parte demandada ao cumprimento da tutela específica. A primeira delas é a multa prevista nos mencionados dispositivos do CPC, que consiste, como já se viu, em meio coercitivo, direcionado a forçar o cumprimento da obrigação de fazer ou não fazer pela parte demandada. Realmente, ao conceder a tutela específica de obrigação de fazer, não fazer ou entregar coisa, o juiz poderá impor multa à Fazenda Pública, independentemente de pedido do autor. Mas será que a fixação dessa multa contra a Fazenda Pública revela-se eficaz? Conterá efetividade o provimento, com a mera fixação da multa? E se a Fazenda Pública não cumprir a determinação judicial? O pagamento da multa deve submeter-se ao regime de precatório? Na verdade, qualquer condenação imposta à Fazenda Pública, independentemente da natureza do crédito, deve sujeitar-se à sistemática do precatório. De fato, o precatório é procedimento que alcança toda e qualquer execução pecuniária intentada contra a Fazenda Pública, independentemente da natureza do crédito ou de quem figure como exequente. Logo, a referida multa somente poderá ser exigida da Fazenda Pública após o trânsito em julgado da decisão que a fixar, mediante a adoção do processo de execução, seguido da expedição de precatório. Bem por isso, sustenta Marcelo Lima Guerra ser admissível a adoção de meios alternativos, não para substituir o sistema de precatórios, mas para assegurar a eficácia prática de meios executivos. Daí sugerir que a referida multa seja imposta contra o agente público responsável pelo cumprimento da medida. Para conferir efetividade ao comando judicial, cabe, portanto, a fixação de multa, a ser cobrada do agente público responsável, além de se a

exigir da própria pessoa jurídica de direito público. É preciso, entretanto, que, antes de impor a multa ao agente público, seja observado o contraditório, intimando-o para cumprir a decisão e advertindo-o da possibilidade de se expor à penalidade pecuniária[10].

Como se percebe, a doutrina constrói raciocínio que permite harmonizar a aplicabilidade da multa com a atribuição de responsabilidade àquele que efetivamente tem condições de atuar em nome do ente público. Mas será esse o caminho a trilhar?

4. Responsabilidade direta e pessoal do agente público

Como visto, inegável a possibilidade de aplicação da multa coercitiva para buscar a realização da vontade sancionatória do direito anunciado pelo título judicial. Igualmente indiscutível a existência de um regime albergado pela lei para criar um tratamento diferenciado para a Fazenda em juízo e, com isso, criar hipóteses de contenção e restrição de concessões de liminares.

Mas, de outra banda, em algumas circunstâncias será possível deferir tutelas provisórias contra a Fazenda, no plano de provimentos mandamentais e constitutivos, sendo, também, possível adotar providências sancionatórias para atribuir efetividade ao mandamento judicial, daí porque o cabimento de *astreintes* para influir na vontade de obrigado, no caso a Fazenda.

A questão que desperta interesse entre nós consiste em saber se é possível atribuir ao agente público a responsabilidade pela medida de apoio.

Não há consenso jurisprudencial sobre o tema[11].

---

10 p. 139.

11 STJ - CONTRA:
"EMENTA: PROCESSUAL CIVIL. EXECUÇÃO DE FAZER. DESCUMPRIMENTO. ASTREINTES. APLICAÇÃO CONTRA A FAZENDA PÚBLICA. CABIMENTO. EXTENSÃO DA MULTA DIÁRIA AOS REPRESENTANTES DA PESSOA JURÍDICA DE DIREITO PÚBLICO. IMPOSSIBILIDADE. 1. Conforme jurisprudência firmada no âmbito desta Corte, a previsão de multa cominatória ao devedor na execução imediata destina-se, de igual modo, à Fazenda Pública. Precedentes. 2. A extensão ao agente político de sanção coercitiva aplicada à Fazenda Pública, ainda que revestida do motivado escopo de dar efetivo

Não permitir a imposição de multa ao agente público pode repercutir para esvaziar o próprio substrato e razão de ser da medida aplicada, considerando-se que não será possível exigir o imediato pagamento de obrigação pecuniária do Estado. De sorte que atribuir ao agente essa responsabilidade irá conferir aptidão e potencial para que a medida de apoio possa alcançar sua finalidade, que é influir na vontade do obrigado.

A propósito:

> De qualquer sorte, para evitar a renitência dos maus gestores, nada impede que o magistrado, no exercício do seu poder geral de efetivação, imponha as astreintes diretamente ao agente público (pessoa física) responsável por tomar a providência necessária ao cumprimento da prestação. Tendo em vista o objetivo da cominação (viabilizar a efetivação da decisão judicial), decerto que aí a ameaça vai mostrar-se bem mais séria e,

---

cumprimento à ordem mandamental, está despida de juridicidade. 3. As autoridades coatoras que atuaram no mandado de segurança como substitutos processuais não são parte na execução, a qual dirige-se à pessoa jurídica de direito público interno. 4. A norma que prevê a adoção da multa como medida necessária à efetividade do título judicial restringe-se ao réu, como se observa do § 4º. do art. 461 do Códex Instrumental. 5. Recurso especial provido" (REsp 747.371/DF, Rel. Min. Jorge Mussi, Quinta Turma, j. 6/4/2010, *Dje* 26/4/2010). No mesmo sentido: REsp: 1.315.719/SE. Rel. Min. Hermam Benjamim, Segunda Turma, j. 27/08/2013, *Dje* 18/09/2013.

"STJ - POSIÇÃO FAVORÁVEL AO CABIMENTO DE ASTREINTE CONTRA O AGENTE PÚBLICO:

PROCESSUAL CIVIL. AÇÃO CIVIL PÚBLICA. OBRIGAÇÕES DE FAZER E NÃO FAZER. ASTREINTES. VALOR. REEXAME FÁTICO-PROBATÓRIO. SÚMULA 07/STJ.

FIXAÇÃO CONTRA AGENTE PÚBLICO. VIABILIDADE. ART. 11 DA LEI n. 7.347/85.

1. O pedido de minoração da quantia arbitrada a título de astreintes não ultrapassa a barreira do conhecimento, uma vez que o valor confirmado pela Corte de origem - R$ 5.000 (cinco mil reais) por dia - não se mostra manifestamente desarrazoado e exorbitante. Por conseguinte, sua modificação dependeria de profunda incursão na seara fático-probatória. Incidência da Súmula 07/STJ.
2. A cominação de astreintes prevista no art. 11 da Lei n. 7.347/85 pode ser direcionada não apenas ao ente estatal, mas também pessoalmente às autoridades ou aos agentes responsáveis pelo cumprimento das determinações judiciais.
3. Recurso especial conhecido em parte e não provido" (REsp 1.111.562/RN, Rel. Min. Castro Meira, Segunda Turma, j. 25/08/2009, *Dje* 18/09/2009).

> por isso mesmo, a satisfação do credor poderá ser mais facilmente alcançada" (DIDIER Jr., 2011)[12].

Caso ultrapassada a dúvida para admitir a responsabilidade, na hipótese da convicção favorável sobre tal possibilidade, considera-se que não é todo e qualquer agente público que poderá se sujeitar à multa, mas apenas aquele que pode, por sua função e pela atribuição de seu cargo, deliberar sobre o cumprimento da ordem judicial ou justificar a sua impossibilidade de realização.

Como se disse, existe divergência nas interpretações dadas pelo Superior Tribunal de Justiça em relação à responsabilidade do agente público e os julgados que admitem a medida consideram a natureza da obrigação imposta pelo título judicial e promovem um cotejo entre os valores jurídicos albergados pela norma no caso concreto. Nesse cenário, se a obrigação versar sobre entrega de bem essencial à saúde ou outro direito fundamental, os julgados admitem a imposição da multa contra o agente público. Por sua vez, se o provimento mandamental ou constitutivo gravitar em torno de reconhecimento de direito de outra natureza, as decisões limitam a imposição da multa à pessoa jurídica de direito público.

A premissa para construir um raciocínio favorável à responsabilidade do agente público deve considerar fundamentalmente o âmbito da sua atuação funcional, para saber se, de fato, é atribuição de seu cargo deliberar, ou não, sobre a prática do ato que irá determinar o cumprimento da obrigação imposta pela sentença.

E mais. A doutrina que se posiciona favoravelmente ao cabimento da multa em relação ao agente público registra que a manifestação de vontade do Estado, ou seja, das pessoas jurídicas de direito público, somente se dará a partir da manifestação daqueles agentes que as representam e, por isso, o agir do Estado depende do comando do gestor e responsável pelo ato a ser praticado para o exato cumprimento da ordem judicial.

Nesse sentido:

> Entretanto, não há cabimento na multa recair sobre o patrimônio da pessoa jurídica, se a vontade responsável pelo não cumprimento da decisão é exteriorizado por determinado

12 p. 453.

agente público. Se a pessoa jurídica exterioriza a sua vontade por meio da autoridade pública, é lógico que a multa somente pode lograr o seu objetivo se for imposta diretamente ao agente capaz de dar atendimento à decisão jurisdicional (MARINONI, 2013)[13].

As duas premissas se completam e se aproximam para formar a mesma interpretação, ou seja, a atribuição da responsabilidade para o agente público diante da imposição da multa coercitiva. Somente será possível exigir a manifestação de vontade do agente público e, com isso, o cumprimento da obrigação se a deliberação estiver da alçada de atribuição de competência da função por ele exercida na administração pública. A propósito, a doutrina estabelece que é justamente a capacidade do agente de praticar, ou não, o ato esperado que dá ensejo à multa. Assim:

> Não há procedência no argumento de que a autoridade pública não pode ser obrigada a pagar a multa derivada de ação em que foi parte apenas a pessoa jurídica. É que essa multa somente constituirá sanção pecuniária, e assim poderá ser cobrada, quando a autoridade pública, que exterioriza a vontade da pessoa jurídica, não der atendimento à decisão. Note-se que a cobrança da multa não tem relação com o fato de o inadimplente ser o responsável pelo cumprimento da decisão. Não se está exigindo nada da autoridade em virtude do que foi discutido no processo, mas sim em razão da sua posição de agente capaz de dar cumprimento à decisão jurisdicional (MARINONI, 2010)[14].

Importante estabelecer como antecedente lógico a premissa de que o Estado se manifesta e exterioriza o seu agir por intermédio da ação humana, isto é, com a conduta do agente público que assume o papel de seu representante. A premissa subsequente registra que somente será possível exigir do agente que possui tal competência e atribuição funcional.

Além disso, fixadas as duas premissas que se aproximam e se integram, a responsabilidade do agente público em relação à multa diária subordina-se ao devido processo legal e, para tanto, indispen-

---

13 p. 487-488.

14 Ibidem.

sável assegurar o prévio contraditório, mediante prévia intimação do agente para cumprir a decisão, com a advertência sobre a sua sujeição à sanção pecuniária.

> Como já se procurou demonstrar, em outra oportunidade, as medidas coercitivas, entre elas a multa diária, devidamente compreendidas como instrumentos de concretização do direito fundamental ao processo efetivo, não podem deixar de ser utilizadas, em determinada situação em que se revelem necessárias, apenas por não ter sido prevista sua aplicação em tal hipótese, por norma infraconstitucional. Nisso se manifesta, entre outras coisas, a chamada aplicabilidade imediata dos direitos fundamentais, os quais se concretizam independentemente de lei, e até *contra legem*, devendo-se observar, todavia, que a concretização de um direito fundamental deve respeitar os limites impostos por outros direitos fundamentais. Daí que, revelando-se necessária a aplicação de multa diária, o juiz pode utilizá-la mesmo em situações não previstas em lei, mas não pode ignorar outros direitos fundamentais em jogo (GUERRA, 2003)[15].

Nesse aspecto abre-se outra discussão, porquanto alguns anotam que não basta a mera audiência do agente na fase de cumprimento da ordem judicial, mas sim a sua participação na relação processual em que se formou o título que reconhece a obrigação do Estado.

Parece não ser tão simples assim interpretar favoravelmente à responsabilização do agente público. O devido processo legal assegura que a marcha processual se dará sob o domínio de contraditório e da ampla defesa, o que, por certo, repercute para delimitar os efeitos subjetivos da decisão judicial. Ora, se o agente não integrou a relação processual abre-se a discussão sobre a possibilidade de sujeição aos atos coativos empregados, como medidas de apoio, para buscar a efetivação de tutela judicial.

Aliás, cumpre destacar a existência de julgados do STJ que reconhecem na integração da relação processual o pressuposto para a aplicação da multa, como se vê:

---

15 p. 132-133.

PROCESSUAL CIVIL. ADMINISTRATIVO. AGRAVO INTERNO NO RECURSO ESPECIAL. CÓDIGO DE PROCESSO CIVIL DE 2015. APLICABILIDADE.

APLICAÇÃO DE MULTA DIRETAMENTE AO AGENTE PÚBLICO RECALCITRANTE QUE FIGUROU NO PROCESSO. POSSIBILIDADE. ARGUMENTOS INSUFICIENTES PARA DESCONSTITUIR A DECISÃO ATACADA. APLICAÇÃO DE MULTA. ART. 1.021, § 4º, DO CÓDIGO DE PROCESSO CIVIL DE 2015. DESCABIMENTO.

I - Consoante o decidido pelo Plenário desta Corte na sessão realizada em 09.03.2016, o regime recursal será determinado pela data da publicação do provimento jurisdicional impugnado. *In casu*, aplica-se o Código de Processo Civil de 2015.

II - O acórdão recorrido adotou entendimento consolidado nesta Corte, segundo o qual é possível a aplicação da multa diretamente ao agente público recalcitrante que tenha figurado como parte na relação processual, como ocorre no mandado de segurança.

III - Não apresentação de argumentos suficientes para desconstituir a decisão recorrida.

IV - Em regra, descabe a imposição da multa, prevista no art. 1.021, § 4º, do Código de Processo Civil de 2015, em razão do mero improvimento do Agravo Interno em votação unânime, sendo necessária a configuração da manifesta inadmissibilidade ou improcedência do recurso a autorizar sua aplicação, o que não ocorreu no caso.

V - Agravo Interno improvido.

(STJ, AgInt no REsp 1796598/PB, Relª. Ministra REGINA HELENA COSTA, Primeira Turma, j. 17/06/2019, *DJe* 26/06/2019)

Cumpre consignar que o sistema processual trabalha com a hipótese de responsabilidade de terceiros em relação ao processo, mas sempre estabelecendo a necessidade de que eles sejam citados, com oportunidade de prévia manifestação.

Alguns dos casos mais emblemáticos pelos quais um terceiro é chamado a arcar com responsabilidades perante os sujeitos originários do processo são o incidente de desconsideração da personalidade jurídica, por meio do qual o credor pretende - a exemplo do que se opera em relação à multa - o redirecionamento da responsabilidade patrimonial pela obrigação, e o terceiro a quem se impõe o dever de exibir documento ou coisa nos autos.

Em ambos os casos, o regime impõe a citação dos terceiros e a oportunidade para prévia manifestação quanto à extensão da responsabilidade (arts. 135 e 401, respectivamente).

A prevalecer o entendimento segundo o qual é possível a cominação de multa diretamente contra o agente público, parece que essa opção sistematizada feita pelo ordenamento - que exige a citação e a oportunidade de prévia manifestação, e não a mera intimação para ciência - haverá de ser observada.

5. Conclusão

Ao cabo destas breves palavras sobre esses palpitantes assuntos, foi possível deixar assente a existência de um regime jurídico processualmente especial estabelecido em favor do Estado, com repercussões para a concessão das tutelas provisórias. O ordenamento, como vimos, estabelece limitações significativas para a concessão de tutelas provisórias contra os interesses do Poder Público, em medida vista, de modo geral, como justificável ante a relevância de manter os gastos públicos em contexto de previsibilidade.

Todavia, foi possível estabelecer que tais limitações devem ser compreendidas no contexto da normalidade comportamental das partes em juízo, não podendo ser irrestritamente observadas nos casos em que o próprio comportamento da Fazenda autorize que o juízo pretenda carrear para ela, e não para o autor, os ônus que o tempo projeta sobre o direito invocado. Nesse contexto, a excepcionalidade pode determinar a mitigação da vedação legal nos casos da tutela da evidência.

Ainda, destacamos a discussão relacionada ao cabimento da multa acessória cominada contra a Fazenda para induzir ao cumprimento das obrigações de fazer, reconhecendo que o Estado não tem vontade anímica própria, e somente atua ou se omite conforme o queiram os agentes públicos. Nesse quadro, a cominação da multa diretamente contra o agente público tem potencial para influir de modo mais decisivo na manifestação de vontade do ente público, mas não prescinde de que sejam observados os preceitos do contraditório e da ampla defesa.

BIBLIOGRAFIA

ARENHART, Sérgio Cruz. A doutrina brasileira sobre multa coercitiva: três questões ainda polêmicas. *Revista FAFIBE*, s.d.

BARBI, Celso Agrícola; *Do mandado de segurança.* Atualização de Bernardo Pimentel Souza. 12. ed., rev. e atual. Rio de Janeiro: Forense, 2009.

CÂMARA, Alexandre Freitas. A eficácia da execução e a eficiência dos meios executivos: em defesa dos meios executivos atípicos e da penhora de bens impenhoráveis. In: ALVIM, José Manoel Arruda (coord. *et al.*). *Execução civil e temas afins* – do CPC/1973 ao Novo CPC: estudos em homenagem ao professor Araken de Assis. São Paulo: Revista dos Tribunais, 2014. p. 13-18.

CINTRA, Antonio Carlos de Araújo; GRINOVER, Ada Pellegrini; DINAMARCO, Cândido Rangel. *Teoria geral do processo.* 26. ed., rev. e atual. São Paulo: Malheiros, 2010.

CUNHA, Leonardo Carneiro da. *A fazenda pública em juízo.* 14. ed., rev., atual. e ampl. Rio de Janeiro: Forense, 2017.

DIDIER Jr., Fredie. *Curso de direito processual civil.* 3. ed. Salvador: JusPodivm, 2011.

GRECO FILHO, Vicente. *Direito processual civil brasileiro.* 20. ed., rev. e atual. São Paulo: Saraiva, 2009.

GUERRA, Marcelo Lima. *Direitos fundamentais e a proteção do credor na execução civil.* São Paulo: Revista dos Tribunais, 2003.

MANCUSO, Rodolfo de Camargo. A fazenda pública em juízo. In: *Execução civil:* estudos em homenagem ao professor Humberto Theodoro Júnior. São Paulo: Revista dos Tribunais, 2007. p. 360-369.

MARINONI, Luiz Guilherme Bittencourt; ARENHART, Sérgio Cruz. *Curso de processo civil.* 2. ed., rev. e atual. São Paulo: Revista dos Tribunais, 2008.

MARINONI, Luiz Guilherme. *Técnica processual e tutela dos direitos.* 4. ed., rev. e atual. São Paulo: Revista dos Tribunais, 2013.

MONNERAT, Fábio Victor da Fonte. Execução específica das obrigações de fazer e não fazer. In: ALVIM, José Manoel Arruda (coord. *et al.*). *Execução civil e temas afins* – do CPC/1973 ao Novo CPC: estudos em homenagem ao professor Araken de Assis. São Paulo: Revista dos Tribunais, 2014. p 336-353.

O CÓDIGO DE PROCESSO CIVIL E OS DESAFIOS DA JURISDIÇÃO: AS EXPECTATIVAS EM TORNO DO *JUIZ HÉRCULES*

Luiz Sergio Fernandes de Souza

1. Considerações iniciais

O presente trabalho intenta demonstrar, de uma perspectiva crítica, o quão disfuncional e desagregadora pode se mostrar, sobretudo nos processos em que atua a administração pública, considerado o seu expressivo número, a imposição de exaurimento dos motivos da decisão judicial.

O aprofundamento da motivação do ato do juiz - por meio de estratégias normativas inscritas num quadro de valorização dos chamados "precedentes" (art. 927, incisos e parágrafos, do CPC) - é pretensão na qual se pode entrever, ademais, o mesmo idealismo jurídico que o legislador buscou afastar com a criação de diversos institutos processuais, no que se revela um dos paradoxos em que o Código de 2015 se deixou enredar.

Outra contradição, do ponto de vista valorativo e pragmático, reside em que, buscando dar maior agilidade, eficácia e previsibilidade às decisões judiciais, o Código de 2015 abriu espaço para que as partes possam postergar o quanto possível o desfecho dos processos, o que é sobretudo preocupante nas causas em que atuam as fazendas públicas, pois se encontra o poder público, em todas as esferas da Federação, segundo levantamento recentemente publicado[1], entre os que mais litigam no País.

2. A persecução de certeza e eficácia na prestação jurisdicional

O Código de Processo Civil revela a preocupação da comunidade jurídica com uma dose de incerteza das decisões judiciais e com a falta de eficácia da atuação jurisdicional, fatores de insegurança social. A lei processual civil veio, então, para atender legítimas expectativas em torno do papel pacificador do direito, apercebendo-se o legislador de que a efetiva composição dos conflitos não se fará sem instrumentos que insiram a prestação jurisdicional num quadro de racionalidade formal e material.

Alinhando-se a uma teoria crítica do direito, a Lei Federal n. 13.105/2015 coloca em relevo a importância da argumentação jurídica, no que se afasta do reducionismo normativista. Sob outro aspecto, renuncia à tentação de dizer que as palavras da lei têm um sentido unívoco, afirmação que nem mesmo o positivismo metodológico endossa[2].

Veja-se, como exemplo do último aspecto ressaltado, que o Código de Processo Civil, tratando da ação rescisória, substituiu a expressão "violar literal disposição de lei", utilizada na regra do art. 485, V, do Código de 1973, por "violar manifestamente norma jurídica" (art. 966, V), o que mais não é senão admitir que a ideia de interpretação literal, tendo servido, à época do Código Civil de Napoleão (1804), como forma de controle da atividade dos juízes, ligados ao *ancien régime*, revela-se hoje anacrônica.

---

1 *O uso da Justiça e o litígio no Brasil*. AMB, 2018. Disponível em: https://www.amb.com.br/wp-content/uploads/2018/05/Pesquisa-AMB-10.pdf. Acesso em: 23 ago. 2018; a propósito, ver também *100 maiores litigantes do Brasil*. CNJ, 2011. Disponível em: http://www.cnj.jus.br/images/pesquisas-judiciarias/pesquisa_100_maiores_litigantes.pdf. Acesso em: 23 ago. 2018.

2 v. KELSEN, Hans. *Teoria pura do direito*. Tradução de João Baptista Machado. 5. ed. Coimbra: Armênio Amado, 1979. p. 374-390.

Está evidente que o juiz, ao dizer o direito (*jurisdicere*), não se limita a declarar uma norma preexistente. A aplicação do direito ao caso concreto representa muito mais, porquanto a atividade de subsunção do caso à norma abstrata implica uma ordem de valorações que não se esgota na simples dedução, mais especificamente em um quase-silogismo, ou em um silogismo condicional (ex.: a. Todos os que litigarem de má-fé devem indenizar. O autor da ação litigou de má-fé. O autor da ação deve indenizar.; b. Se a pessoa litigar de má-fé, deve indenizar. O réu litigou de má-fé. O réu deve indenizar.).

Entre a dobra da lei e as nuanças do caso concreto, há um espaço de valoração que a lógica formal não consegue apreender, tratando-se aqui não mais de demonstrar (lógica formal), mas de argumentar (lógica dialética).

Tomando como exemplo o silogismo judiciário acima desenvolvido, observe-se que, embora a norma geral e abstrata atribua ao litigante de má-fé o dever de indenizar, certo é que, no caso concreto, caberá discutir se houve má-fé; antes disso, o próprio conceito de má-fé, utilizado na norma legal, precisará de uma definição, conotativa e denotativamente, mais precisa[3].

Nesse sentido, argumentam as partes, como também argumenta o juiz, visando não propriamente a um convencimento recíproco, mas levando em conta a ideia de um *auditório universal*, na expressão de Chaïm Perelman[4], o que coloca em relevo, mais do que a

---

3 O significado das palavras tem dois aspectos: a *conotação* indica as propriedades que o termo designa e que constituem sua intensão (compreensão); a *denotação* indica a classe ou o conjunto de objetos designados pelo termo (extensão). Conotação e extensão guardam relações estreitas: a compreensão de *má-fé* consiste nas propriedades que um objeto (a situação processual a que nos referimos, no nosso exemplo) precisa ter para que possa figurar na extensão desse vocábulo. A conotação indica, portanto, as propriedades que nos permitem identificar, no contexto empírico, os objetos a que o conceito se aplica, o que interfere com o campo da denotação (HEGENBERG, Leônidas. *Definições:* termos teóricos e significado. São Paulo: Cultrix-Edusp, 1974. p. 19 a 24; SALMON, Wesley. *Lógica*. 6. ed. Rio de Janeiro: Zahar, 1984. p. 126 a 130; FERNANDES DE SOUZA, Luiz Sergio. *O papel da ideologia no preenchimento das lacunas no direito*. 2. ed. São Paulo: Revista dos Tribunais, 2005. p. 17 a 19).

4 PERELMAN, Chaïm; OLBRECHTS-TYTECA, Lucie. *Tratado da argumentação* – a nova retórica. São Paulo: Martins Fontes, 1996. p. 15 a 70; p. 112 a 129.

concepção publicista do processo, fruto das elaborações desenvolvidas no final do século XIX, um modelo expansivo que teve curso na série de reformas por que passou o Código de 1973 desde a última década do século XX, adequado ao tratamento de conflitos de interesse em larga escala, de que participam outros atores processuais, a exemplo do *amicus curiae*, e no qual os conceitos de *legitimidade para a causa* e de *coisa julgada* também se veem alargados.

Essa visão dialógica do processo, que resgata a importante contribuição da retórica antiga na elaboração do discurso jurídico, com repercussão não só na cena judicial contemporânea, mas também na esfera da autocomposição dos conflitos, aponta para uma mudança de paradigmas, pois se é bem certo que já no momento da escolha da norma adequada à solução do caso concreto acha-se presente uma opção valorativa/ideológica ou simples estratégia da parte para ver contemplado seu interesse, certo também é que não basta uma convicção íntima de justiça ou mesmo a intenção de perseguir determinada solução para o litígio, revelando-se imprescindível justificar pretensões (no caso das partes) e fundamentar as decisões (no caso do juiz)[5]. Fosse diferente, o processo (e o direito mesmo) seria a expressão de simples psicologismo[6].

O legislador, no atual Código, bem soube interpretar todas essas inflexões. Investiu na racionalidade material do processo, prestigiando e aprofundando as estratégias de vinculação vertical das decisões judiciais, instituindo o incidente de resolução de demandas repetitivas, permitindo a celebração de negócios processuais,

---

5 Para o aprofundamento das noções de *pretensão* e *formas de justificação*, ver TOULMIN, Stephen. *The uses of argument*. Cambridge: University Press, 1958. p. 100 a 140; HABERMAS Jürgen. *Teoría de la acción comunicativa* – racionalidad de la acción y racionalización social. 2. ed. Buenos Aires: Taurus Humanidades, 2001. v. 1, p. 43 a 69, 391 a 407; *Teoría de la acción comunicativa* – crítica de la razón funcionalista. 3. ed. Buenos Aires: Taurus Humanidades, 2001. v. II, p. 9 a 111; *Teoría de la acción comunicativa*: complementos y estudios previos. 4. ed. Madrid: Cátedra, 2001. p. 350 a 368; 501 a 507; ALEXY, Robert. *Teoria da argumentação jurídica* – a teoria do discurso racional como teoria da justificação jurídica. São Paulo: Landy, 2001. p. 179 a 266; 293 a 298.

6 A respeito, veja-se a crítica de Engisch às elaborações de Isay, adepto da Escola do Direito Livre, para quem a fundamentação da decisão é arbitrariamente construída, visando apenas a justificar uma intuição, um sentimento jurídico (ENGISCH, Karl, op. cit., p. 84 e 145).

dando oportunidade, ainda, para o julgamento parcial do mérito (arts. 356 e 503), e mais, instaurando a tutela de urgência (arts. 300 a 310), em muitos pontos substitutiva do processo cautelar, e a tutela da evidência (arts. 294 e 311). Com tudo isto, buscou o legislador dar maior agilidade e eficácia à prestação jurisdicional, tornando-a, sob outro aspecto, mais previsível.

De um ângulo diverso - mas ainda no contexto da instituição de balizas para o exercício da atividade judicante -, buscando assegurar a impessoalidade das decisões ("o juiz apreciará a prova independentemente do sujeito que a tiver promovido" - art. 371), bem como o integral e pleno conhecimento das razões do julgamento (arts. 321, 357, § 1º, 370, 479, 489, § 1º, e 426), tratou o legislador de aprofundar a disciplina da fundamentação das decisões, sentenças e acórdãos, o que interfere com o controle democrático da produção jurisdicional e, portanto, com a segurança jurídica. E esse é, precisamente, o objeto de nossas considerações, tema que passaremos agora a desenvolver.

3. O dever de completude e coerência no exercício da atividade jurisdicional

A norma do art. 489 do Código de 2015, nos incisos, não apresenta grandes inovações. Ao tratar do relatório da sentença, dispôs, além do que a regra anterior já dizia, acerca da necessidade de identificar o caso objeto de julgamento. Substituiu o termo "resposta do réu" por "contestação" (no que não se houve com boa técnica, pois a expressão "resposta" é compreensiva de "contestação" e de "reconvenção", instituto mantido no Código de 2015). Tratando da parte dispositiva da sentença, o legislador disse que nela o juiz resolverá as "questões principais" do processo, deixando claro, assim, que todas as outras, de que o julgador teve de se ocupar até chegar às questões principais, são fundamentos da sentença. E foi precisamente no tratamento do tema relativo à fundamentação que o Código de 2015 despertou acesa controvérsia.

Dando os motivos de seu convencimento isento (art. 371), não bastará ao juiz a indicação, reprodução ou mesmo a paráfrase de norma, súmula ou precedente judicial, havendo de explicar em que aspectos o caso examinado se subsume à regra invocada (art. 489, § 1º, I e V). A motivação não poderá ser genérica, uma espécie de fórmula válida para todo e qualquer caso (art. 489, § 1º, II), nem recorrer a conceitos jurídicos indeterminados[7] ou a razões cuja relação com a causa em exame não esteja devidamente justificada.

O juiz terá de enfrentar também todos os argumentos desenvolvidos pelas partes, desde que "capazes de, em tese, infirmar a conclusão adotada pelo julgador" (art. 489, § 1º, IV), o que, em última instância, instaura a necessidade de demonstrar simples relação lógica de prejudicialidade. Quando o juiz se afastar, no julgamento da causa, de súmula, jurisprudência ou precedente invocado pela parte, haverá de dizer por que o faz, explicando a razão pela qual o caso concreto demanda solução diferente ou, então, demonstrando que a orientação pretoriana em questão se encontra superada (art. 489, § 1º, VI).

Por último, no caso de conflito entre normas, não bastará que o magistrado, ao justificar a escolha de uma delas em detrimento da outra, enuncie os critérios para solução de antinomias jurídicas, legados da velha jurisprudência romana (hierarquia, cronologia e especialidade), ou os critérios de solução de conflitos entre aqueles critérios (colidindo o critério hierárquico e o cronológico, prevalece o primeiro; colidindo o critério de especialidade e o cronológico, prevalece o primeiro; colidindo os critérios de hierarquia e de especialidade, há diversas soluções possíveis)[8], revelando-se necessário dar as razões da interferência deles na solução concreta.

Importante dizer que o dever de completude e de coerência, instaurado pelo legislador na regra do art. 489, § 1º, incisos, e § 2º, da Lei Federal n. 13.105/2015, aplica-se não só às sentenças como também aos acórdãos e a toda e qualquer decisão interlocutória. Como o saneamento do feito dá os rumos do processo na base de disposições que mais se assemelham a regras de um jogo processual[9], dizendo o que está em jogo (questões de direito e questões

---

7 A respeito, veja-se o que foi dito na nota 3.

8 BOBBIO, Norberto. *Teoria do ordenamento jurídico*. Brasília: Ed. Universidade de Brasília (em co-edição com a Ed. Polis de São Paulo), 1991. p. 92 a 110.

9 Não deixa de ser significativo o fato de os processualistas recorrerem à figura do jogo (*fair play*), utilizando-se de metáforas como *regra*, *ataque*, *defesa*, *adversário*, *disputa*, *competição*, *habilidade*, *trapaça*, *deslealdade* etc., ao tratar da maneira como se dá a relação entre as partes no processo judicial (SOUZA, Luiz

de fato) e de que forma se pode jogar (definição das provas a serem produzidas e distribuição do ônus da prova), o legislador sentiu a necessidade de dar às partes o direito de requerer esclarecimentos do juiz e, além disso, de pedir ajustes no estabelecimento daquelas regras (art. 357, § 1º), o que revela a preocupação com uma construção consensual da verdade processual, aspecto em que o legislador se deixou influenciar pelas modernas teorias argumentativas[10].

4. A difícil conciliação entre realização da justiça e eficiência

O modelo construtivo da verdade processual, tal qual delineado pelo Código de 2015, traz certas dificuldades, o que em parte explica a preocupação da magistratura brasileira, particularmente no que concerne ao dever de completude e de coerência que o magistrado haverá de observar. Para a análise desse aspecto, passaremos a utilizar o termo *decisão judicial* em sentido mais amplo, referindo-nos, indiscriminadamente, tanto à decisão interlocutória como à sentença e ao acórdão.

Ninguém pode negar que uma decisão de indeferimento de pedido de antecipação de tutela jurisdicional, ou uma decisão de indeferimento de pedido de concessão de efeito suspensivo a recurso, limitando-se a dizer que ausentes se mostram os requisitos legais para o acolhimento da pretensão, não faz mais do que repetir o texto legal por meio de uma paráfrase. E assim ocorre ainda que o juiz enuncie os requisitos da lei. Trata-se, para reproduzir antiga expressão, de um autêntico "carimbo", figura de linguagem representativa do ranço burocrático do qual o poder público se acha impregnado[11].

Sergio Fernandes de. *Abuso de direito processual*: uma teoria pragmática. São Paulo: Revista dos Tribunais, 2005. p. 166, 261 e 262).

10 Sobre isto, veja-se o que foi dito na nota 5; para uma discussão, do ponto de vista de uma teoria pragmática, da ideia de construção consensual da verdade processual, v. SOUZA, Luiz Sergio Fernandes de. *Abuso de direito processual: uma teoria pragmática*. São Paulo: Revista dos Tribunais, 2005. p. 318 a 385.

11 Aliás, os carimbos eram objeto que até bem pouco tempo não podia faltar na mesa dos escrivães, serventuários que preparavam os despachos ordinatórios, adiantando também algumas decisões, a começar por um simples e aparentemente

O mesmo ocorre quando o juiz, valendo-se de condições retóricas de sentido, núcleos agregadores de significado que evocam expressões providas de carga emotiva, a exemplo de "dignidade humana", "interesse público", "moralidade", "bem comum", decide sem dizer no que aqueles conceitos jurídicos indeterminados se ajustam ao caso examinado nos autos, ou quando o juiz invoca razão de direito que se prestaria à solução de qualquer caso ("necessidade de quem pede alimentos e possibilidade da prestação por parte daquele em face de quem se pede", por exemplo), prática igualmente vedada pelo Código de 2015 (art. 489, § 1º, III).

Tem-se, no cruzamento da regra dos incisos V e VI do § 1º do art. 489 do Código, outro importante aspecto. Assim como o juiz e o órgão colegiado não podem desconsiderar súmula, jurisprudência ou precedente invocado pela parte sem demonstrar que aqueles fundamentos não se ajustam ao caso em exame, ou sem demonstrar que a orientação pretoriana se encontra superada, tampouco pode o julgador descansar no argumento de autoridade, decidindo de acordo com súmula, jurisprudência ou precedente sem demonstrar que à causa se aplicam os mesmos fundamentos.

De fato, há usos legítimos e ilegítimos do argumento de autoridade. Dentre os últimos, encontra-se a hipótese em que, controvertendo duas autoridades, igualmente competentes no assunto (com a advertência de que as noções de *autoridade* e de *competência* estão sendo aqui utilizadas fora do contexto jurídico), venha-se a adotar a opinião de uma, em detrimento do ponto de vista da outra,

---

inofensivo "Cite-se". Hoje, com os programas de edição de texto, o vezo burocrático descansa no "copia" e "cola", pelo que as peças processuais vêm se tornando cada vez mais longas, maçantes e desprovidas de sentido, ao passo que as decisões, cada vez mais breves e genéricas, de sorte que os processos, muitas vezes, mais se assemelham a um diálogo entre pessoas que não se ouvem (tanto o "carimbo" quanto o "copia" e "cola" remetem à ideia de trabalho repetitivo, presente na produção em larga escala, numa típica referência ao "modelo fordista"). A propósito, veja-se a consistente crítica de Flavio Cheim Jorge, para quem, apesar de a decisão que recebe a inicial, ordenando a citação, revestir-se de certa gravidade, diante dos efeitos que dela decorrem, os juízes, na prática, acabaram por transformá-la em simples despacho, sem analisar a presença das condições da ação, dos pressupostos processuais etc., numa operação que prescinde de qualquer juízo crítico (*Teoria geral dos recursos cíveis*. 5. ed. São Paulo: Revista dos Tribunais, 2011. p. 65 e 66).

sem maiores considerações. Vale dizer, a escolha terá de ser justificada na base de argumentos que não o de autoridade[12].

As considerações acima desenvolvidas têm pontos de contato com a regra dos arts. 332, 926 e 927 do Código de 2015, de onde se retira que não bastará ao magistrado invocar súmula de Tribunal de Justiça, do Superior Tribunal de Justiça ou do Supremo Tribunal Federal, muito menos julgados proferidos em resolução de demandas repetitivas ou no julgamento de recursos repetitivos, para a apreciação da causa de pronto, independentemente da citação. Impõe-se demonstrar que existe a mesma razão para aplicar a mesma solução.

Desnecessário dizer que, limitando-se o acórdão a ratificar os termos do julgamento *a quo*, deixar-se-á contaminar pelos mesmos vícios da fundamentação (ou da ausência dela, a bem dizer), revelando-se passível de anulação, ou, quando menos, de Embargos de Declaração, de forma que a prática da simples confirmação do julgamento objeto do recurso, pelos mesmos fundamentos, haverá também de passar por um exame crítico[13].

Infelizmente, o que se tem visto é que os magistrados, premidos pela necessidade da rápida prestação jurisdicional - exigência

---

12 *Autoridade*, no campo de uma teoria da argumentação, quer significar reconhecimento de alguém ou de uma ideia, diante do prestígio pessoal ou do peso social de quem a formulou, respectivamente. *Competência*, por sua vez, quer significar conhecimento ou habilidade de alguém em um determinado campo do conhecimento ou da atividade humana. A respeito dos usos legítimos e ilegítimos do argumento de autoridade, v. SALMON, Wesley Charles., op. cit., p. 92; COPI, Irving Marmer. *Introdução à lógica*. 2. ed. São Paulo: Mestre Jou, 1978. p. 81 e 82.

13 Alguns julgados do Superior Tribunal de Justiça têm se orientado no sentido de que o órgão colegiado poderá se limitar à ratificação dos fundamentos da sentença objeto do recurso, convencido de que não comporta reforma, sem que isto configure omissão ou ausência de fundamentação (Resp. n. 662.272-RS, 2ª Turma, Rel. Min. João Otávio de Noronha, j. 04/09/2007; Resp. n. 641.963-ES, 2ª Turma, Rel. Min. Castro Meira, j. 21/11/2005; Resp. n. 592.092-AL, 2ª Turma, Relª. Minª. Eliana Calmon, j. 17/12/2004 e Resp. n. 265.534-DF, 4ª Turma, Rel. Min. Fernando Gonçalves, j. 1º/12/2003). Há, também, entendimento contrário. O artigo 252 do Regimento Interno do Tribunal de Justiça de São Paulo estabelece que "Nos recursos em geral, o relator poderá limitar-se a ratificar os fundamentos da decisão recorrida, quando, suficientemente motivada, houver de mantê-la".

de tempos em que os critérios de justiça parecem ceder lugar para os critérios de eficiência –, sentem-se forçados, cada vez mais, a decidir com prontidão. Mas se é certo que justiça tardia não é justiça, igualmente certo também é que a análise detida do processo exige um tempo de maturação. A contradição reside em que a sociedade, de maneira geral, tanto quanto as instituições, em particular, não têm tempo para o exercício destas reflexões.

5. Os paradoxos decorrentes da exigência de completude e coerência

Esperava-se que as discussões em torno do Anteprojeto que resultou na Lei n. 13.105/2015 estivessem orientadas no sentido do rompimento do paradoxo há pouco apontado. No lugar disso, o texto do art. 489, § 1º, do Código de Processo Civil, buscando dar um tratamento técnico ao dever de completude e de coerência, revelou-se, ele próprio, em outros pontos, incompleto e não coerente, consideradas, quanto a estes dois últimos aspectos, não as proposições normativas em si mesmas, mas as vertentes que orientaram a edição da norma em exame, vale dizer, *certeza jurídica* e *eficácia da atuação jurisdicional*, binômio com o qual demos início ao presente estudo[14].

Trata-se, pois, de uma contradição valorativa, resultante do fato de o legislador não haver adotado uma posição coerente com os pressupostos axiológicos, os propósitos, finalidades e metas de realização de justiça material concebidos no momento da elaboração da norma[15]. Para aprofundar essa compreensão, passa-se ao exame de algumas disposições legais.

---

14 De fato, o conceito de *contradição*, no sentido rigoroso do termo, não se ajusta ao campo normativo. A *contradição* aplica-se aos enunciados apofânticos, aqueles que estão *no mundo do ser*, e não aos enunciados deônticos (*mundo do dever ser*). Fala-se na possível existência de conflito entre enunciados normativos, mas não em contradição (v. *Normas jurídicas e análise lógica* – correspondências trocadas entre Hans Kelsen e Ulrich Klug. Rio de Janeiro: Forense, 1984. p. 60 a 69).

15 ENGISCH, Karl, op. cit., p. 315 a 325 (com a advertência de que ampliamos aqui o conceito de "contradição valorativa", desenvolvido pelo autor, para nele incluir a ideia de "contradição teleológica" e de "contradição de princípios").

A norma do art. 357, § 1º, do Código de Processo Civil estabeleceu hipótese específica de Embargos de Declaração, com caráter infringente, pois, além dos casos de omissão, contradição e obscuridade, que dão ensejo à integração do saneamento do feito, contemplou a possibilidade de a parte "solicitar ajustes" na decisão.

Primeiramente, não se entende por que o legislador valeu-se do termo "solicitação", no lugar de "requerimento", "petição". Mas fica a impressão de que procurou instaurar, nesse aspecto, na perspectiva da construção consensual do processo, uma relação de simetria entre o juiz e a parte, que não mais requer, concitando o magistrado, no lugar disso, a promover "acertos", "adequações".

Se é certo que os Embargos de Declaração, no mais das vezes, revelam-se como ferramenta útil e indispensável à correta prestação jurisdicional, garantia de uma decisão clara, precisa e completa, não se pode negar que o instituto processual, na prática, tem sido muitas vezes utilizado como expediente para alargar o prazo de interposição de recursos, dificultar o andamento processual (quando isto convenha à parte) e, muitas vezes, induzir o juiz a erro, numa espécie de "prestidigitação processual" que se vê facilitada pelo volume colossal e desumano de processos.

Nessas circunstâncias, é possível reconhecer um uso estratégico do processo, parasitário do agir comunicativo, passando a produção jurisdicional socialmente inútil a tomar o espaço da produção jurisdicional que se revele útil à consecução das finalidades do processo. É certo que a possibilidade de abuso no exercício de um determinado direito não justifica que se impeça o uso legítimo (*abusus non tollit usum*). Todavia, a regra processual tem de criar mecanismos, a exemplo da chamada *sanção premial*, que estimulem condutas adequadas às expectativas sociais.

A regra do art. 489, § 1º, IV, do Código de Processo Civil, expressão máxima do idealismo contido no dever de completude, revela-se, outrossim, extremamente controvertida, podendo dar margem a chicanas processuais dos mais diversos matizes, desde as mais óbvias até as mais refinadas.

É claro que uma decisão omissa no exame dos argumentos desenvolvidos pela parte demanda colmatação. Porém, se a parte apenas enuncia uma tese, sem desenvolvê-la, ou se invoca regra legal sem estabelecer a relação direta com o caso concreto, parece razoável concluir que o magistrado não terá de examinar aquelas proposições, porquanto o argumento, por definição, é uma coleção de enunciados, não se esgotando na transcrição ou na referência a regra normativa, tampouco em orações afirmativas ou negativas. Nessa medida, aplica-se também à parte o dever de fundamentar, não lhe socorrendo a cômoda justificativa - geralmente apresentada em sede de Embargos de Declaração, na tentativa de transferir para a decisão judicial a pecha de "omissa" - *da mihi factum, dabo tibi jus*, ou *jura novit curia*[16].

Enfim, a regra do art. 489, § 1º, IV, do Código de Processo Civil exige do juiz o exame dos "argumentos deduzidos", o que não se confunde com a apreciação da "tese enunciada" ou da regra legal invocada. Diga-se ainda que, ao exigir que o magistrado se ocupe de todo e qualquer argumento capaz de infirmar, em tese, a conclusão adotada pelo juiz, está-se a desconsiderar eventual relação de prejudicialidade (regra lógica), e mais, o fato de que o óbvio (a exemplo do que se passa com a *evidência* no campo das ciências ideais e analíticas) não precisa ser dito, mesmo porque o direito opera no campo da argumentação, e não na esfera da demonstração[17].

Em outras palavras, enquanto a demonstração se desenvolve no pressuposto da existência de um único sistema, a argumentação tem curso no ambiente de diversos sistemas; a demonstração trabalha com teses, a argumentação parte de opiniões; a demonstração se vale da verdade, a argumentação recorre ao verossímil. E é precisamente porque o discurso jurídico transcorre no plano da verossimilhança (círculo semântico-pragmático), e não no campo da verdade (círculo sintático), que o juiz está dispensado de justificar

---

16 Aliás, de acordo com a regra do art. 10 do CPC de 2015, em nenhum dos graus de jurisdição poderá o magistrado decidir adotando fundamento acerca do qual as partes não tenham se manifestado, proibição que se estende às questões que o juiz deva decidir de ofício.

17 *Manifesta causa secum habet sententiam* (a causa evidente contém em si a sentença). Esse é um dito, atribuído a Publílio Siro, que pertence ao patrimônio comum do direito, encontrando em *topois* e fórmulas da Antiguidade variações muito próximas, como se vê em Plauto, Cratino, Aristófanes, Eurípedes, Ésquines, Plutarco e Filóstrato (TOSI, Renzo. *Dicionário de sentenças latinas e gregas*. 2. ed. São Paulo: Martins Fontes, 2002. verbete 1.142, p. 523).

a refutação do óbvio, vale dizer, a razão pela qual determinado argumento nem mesmo em tese seria capaz de afastar a solução que se deu à lide.

Fosse de outra forma, o processo se transformaria em uma sucessão de longas cadeias argumentativas, a confirmar a impressão de que, quanto mais se escreve, na tentativa de aparar arestas, de fechar os flancos às investidas dos que querem postergar o quanto possível a prestação jurisdicional, mais se deixa o caminho aberto à conduta processual cavilosa. De mais a mais, é conhecida a lição, no campo da Retórica, segundo a qual quem tem parcos argumentos deve empregar todos, ao passo que quem tem muitos não deve utilizar senão os melhores.

Enfim, o ideal de coerência e completude, que orientou a edição das regras legais sob exame, no afã de garantir a eficácia e segurança jurídica, corre o risco de ser sequestrado pelas mesmas práticas que buscou combater, e o pior, sob a justificativa do controle democrático da atividade jurisdicional, o que revela a faceta ingênua, de consequências perversas, da política legislativa que orientou o Código de 2015.

Tais considerações ganham maior expressão nas causas em que atua o poder público, apontado em levantamento, cuja publicação se deu em 2018, como um dos que mais litigam no País. De fato, a administração pública resiste o quanto pode a cumprir as ordens judiciais, invariavelmente, sob o irrefutável argumento de que age por dever de ofício, ao recorrer de forma sistemática. A ter em conta a vinculação vertical das decisões judiciais, sempre haverá lugar para a tentativa de anulação do processo, quer por meio de recursos quer por meio de Reclamação, razão pela qual o Judiciário já se defronta com situações de verdadeiro entrave, mormente porque um dos fundamentos da Repercussão Geral, cujo reconhecimento implica a suspensão de todos os processos que versem sobre a mesma questão, é o descumprimento de súmula ou jurisprudência dominante na Suprema Corte (art. 1.035, § 3º, I, e § 5º, do CPC).

Essa situação pode se ver agravada, passando a configurar autêntica paralisia decisória, se consideradas forem as muitas hipóteses em que o Código de 2015 contempla a possibilidade de suspensão dos processos na base da vinculação vertical das decisões judiciais, a exemplo do Incidente de Resolução de Demandas Repetitivas (art. 982, I, do CPC; art. 1.035, § 3º, II, e § 5º, do CPC) e da afetação para julgamento de recursos repetitivos (arts. 1.036 a 1.041 do CPC).

6. O idealismo jurídico e a visão do processo como agir comunicativo

Vê-se a esta altura que, conquanto o modelo discursivo, adotado pelo legislador processual civil, tivesse investido em formas cooperativas de solução de conflitos, o fardo das exigências idealizadoras, presentes no racionalismo jurídico, continua pesando mais e mais sobre os ombros do juiz. E isso porque o legislador não se deu conta de que o caráter processual da razão comunicativa, no campo do direito, encontra sérias dificuldades.

Por isso, a imagem do "juiz Hércules", da qual se vale Dworkin para explicar aquilo que se espera das decisões judiciais, numa concepção muito próxima do idealismo jurídico - o mesmo que inventou a figura do legislador racional -, não se vê apagada nas elaborações desenvolvidas, de uma perspectiva dialógica do processo, pelo Código de 2015, que também é, nessa medida, iconólatra[18].

Os juízes, seres de carne e osso, estão muito aquém do herói da mitologia grega, personificação da força, de sorte que a simples substituição do caráter monológico do processo judicial por um procedimentalismo dialógico não se revela suficiente para que o juiz, posto à prova para expiar a culpa de um sistema judicial deficitário, possa, à moda de Hércules, desvencilhar-se dos doze trabalhos impostos pelo rei de Tirinto.

Nessa medida, a crítica formulada por Habermas[19] à perspectiva de um juiz privilegiado cognitivamente, capaz de promover, ele

---

18 O *juiz Hércules* é aquele que conhece todos os princípios e regras integrantes do direito, com uma ampla e completa visão dos mais diversos argumentos jurídicos, em condições de distribuir, de maneira isenta e imparcial, na base de grande descortino e visão histórica, a justiça concreta, que atenda, na medida certa, as pretensões das partes (DWORKIN, Ronald. *Levando os direitos a sério*. São Paulo: Martins Fontes, 2002. p. 164 a 203).

19 HABERMAS, Jürgen. *Direito e democracia:* entre facticidade e validade. 2. ed. Rio de Janeiro: Tempo Brasileiro, 2010. v. 1, p. 269 a 294.

próprio, a integração do fenômeno jurídico e do fenômeno social - numa clara alusão à insuficiência das análises desenvolvidas pelas teorias sistêmico-funcionalistas -, embora permita avançar na identificação dos problemas que estão por trás do déficit da prestação jurisdicional, não resolve a questão, pois as comunicações que se passam no ambiente das sociedades complexas exigem um alto grau de seletividade, havendo de se admitir, assim, que o direito, no limite, é um complexo de programas decisórios por meio do qual se generalizam frustrações quanto à expectativa de uma decisão que seja ao mesmo tempo justa, correta, coerente, completa e eficaz[20].

Essa racionalidade instrumental, própria do avanço da burocracia, é vista por Habermas, em sua *Teoria da ação comunicativa*, sob um novo enfoque, diferente da análise funcionalista, pautada na ideia de *agir estratégico*. Assim, enquanto o *agir comunicativo* busca o entendimento mútuo, a ação estratégica está comprometida com o êxito, com a consecução de determinadas finalidades na base de supostas regras racionais de escolha, prescindindo, por isso, de qualquer recurso à motivação racional[21].

Habermas entende que o direito integra a esfera cultural, um compartimento do mundo vivido que está preservado da ameaça da esfera sistêmica, própria das relações burocráticas e econômicas, que tendem a emascular aquela razão comunicativa. O grande problema reside em que, embora a retórica se mova num campo social - no que se revela a sua capacidade de resistência ao poder de expansão dos subsistemas de ação instrumental -, o direito, como um todo, não pode se dissociar da sua base normativa e, portanto, da possibilidade do uso da força, o que faz pensar na contaminação de um agir comunicativo por um agir estratégico.

Ao mesmo tempo, bem se vê que o "processo não é propriamente uma disputa entre cavalheiros, cheia de flores e mesuras (...), nele se refletindo as mesmas tensões do resto da sociedade"[22], razão

---

20 LUHMANN, Niklas. *Sociologia do Direito I*. Rio de Janeiro: Tempo Brasileiro, 1993. p. 109 a 123.

21 Ver, para o aprofundamento da análise que se segue, SOUZA, Luiz Sergio Fernandes de. *Abuso de direito processual:* uma teoria pragmática. São Paulo: Revista dos Tribunais, 2005. p. 331 a 377.

22 MÉNDEZ, Francisco Ramos. ¿Abuso de derecho en el proceso? In: MOREIRA,

por que, por mais que se tenha em conta o fato de que o direito é uma ciência do espírito, não se pode fechar os olhos para a inegável capacidade de cooptação das formas de ação instrumental, que acabam colonizando o mundo da vida, tornando-se parasitárias do agir comunicativo.

É certo que "A decisão judicial deve ser interpretada a partir da conjugação de todos os elementos e em conformidade com o princípio da boa-fé" (art. 489, § 3º). Inegável também que o atual Código de Processo Civil, tratando da responsabilidade das partes por dano processual, autorizou a aplicação de multa no limite correspondente a dez vezes o valor do salário mínimo quando o valor da causa for irrisório ou inestimável (art. 81, § 2º, do CPC).

Mas nenhuma dessas regras de fechamento do sistema, traçadas pelo legislador, revela-se em condições de inibir o uso anormal do processo. Eis aqui a incompletude. A contradição, sob um segundo aspecto, reside no fato de que o Código de Processo Civil, ao tentar exercer certo controle sobre o voluntarismo judicial, na base de esquemas de construção dialógica e consensual do processo, acabou por se enredar nas velhas armadilhas que conspiram contra a rápida prestação jurisdicional, aprofundando as dificuldades já existentes.

Multa de dez por cento do valor da causa (art. 81, *caput*) não será suficiente para dissuadir os litigantes da prática de atos abusivos. Quanto àquela prevista no art. 81, § 2º, do Código de Processo Civil, aplicável às causas de valor irrisório ou inestimável, veja-se que, partindo da premissa de que "A toda causa será atribuída um valor certo, ainda que não tenha conteúdo econômico imediatamente aferível" (art. 291), há de se concluir que esta última disposição normativa torna letra morta a regra que eleva a sanção nas causas de "valor inestimável". Sob o aspecto do "valor irrisório", bastará que a parte atribua à causa valor de certa expressão econômica para fugir à condenação no décuplo do salário mínimo.

E não impressiona, no sentido de desestimular conduta processual desagregadora, a norma dos arts. 77, §§ 2º e 3º, e 81, § 3º, ambos do Código de Processo Civil, pois se trata de regras que

---

José Carlos Barbosa (org.). *Abuso dos direitos processuais.* Rio de Janeiro: Forense, 2000. p. 6.

praticamente repetem as disposições do Código de 73 (art. 14, parágrafo único, e 18, § 2º).

Por último, impor à parte - na tentativa de demovê-la do propósito insincero de ver esclarecida dúvida, contradição, ambiguidade ou de sugerir a necessidade de "ajustes" na decisão judicial - o dever de interpretar a produção jurisdicional do ponto de vista sistemático (art. 489, § 3º, do CPC) faz lembrar a ingênua pretensão de dar uma regra a tudo, presente na *jurisprudência dos conceitos*, que desconsidera a prodigalidade da inventiva humana em engendrar novas possibilidades, tanto quanto a capacidade dos homens de ser tão imprevisíveis como o próximo passo da bailarina, no dizer de Rubem Alves.

7. Considerações finais

Não se pode negar que, de tempos para cá, por força de um certo utilitarismo - que ganhou fisionomia ainda mais definida no ambiente da chamada modernidade líquida (Bauman), ao qual se misturou um crescente e deletério fenômeno de massificação do ensino -, o direito processual vem perdendo mais e mais a posição que o distinguiu, particularmente entre nós brasileiros, no terceiro quadrante do século passado.

O direito processual, com seu alto nível de abstração, operando com pressupostos e questões prévias à cognição dos fatos, exige não só apurado refinamento dos conceitos, como também o domínio de regras que compõem um sistema lógico *ad hoc*, apto à construção de uma verdade, em certa medida, muito particular, distante da verdade ontológica (própria da filosofia clássica), da verdade analítica (presente nas ciências ideais), da verdade empírica (com a qual operam as ciências naturais) e da verdade cultural (que atua no campo da Estética e das ciências humanas).

Trata-se da chamada verdade processual - um trecho da realidade, no dizer dos processualistas -, construída na base de *regras institucionais de estrutura* (contraditório, preclusão, revelia, nulidade, convalidação, estabilização da lide, unidade de recursos, instrumentalidade das formas, impossibilidade de *reformatio in pejus*, de decisão *extra petita*, de decisão *ultra petita*, de supressão de instância etc.) e de *regras institucionais de conduta* (deveres e responsabilidades das partes, dos procuradores, do perito; poderes, deveres e responsabilidades do juiz, intérpretes, tradutores, conciliadores, mediadores, escrivão e serventuários; imposição de penalidades etc.).

A par disso, o direito processual tomou de empréstimo *regras da lógica formal*, a exemplo daquelas que interferem com relações de prejudicialidade e implicação, presunções, indícios, dedução, indução, e *regras da lógica material* (falácias não formais, argumentos tópicos e os diversos tipos de analogia), a exigir o domínio de conceitos que transcendem a esfera da dogmática jurídica.

Têm-se razões de sobra para suspeitar - na base de um espaço amostral suficientemente amplo e diversificado, resultado da experiência haurida durante três décadas na judicatura e no magistério - que expressiva parcela dos operadores do direito não domina por completo o sofisticado universo das questões processuais, revelando-se incapaz de estabelecer relações problematizadoras entre o plano teórico e o plano prático, o que se reflete visivelmente na produção concreta do Direito. E aqui se está falando dos egressos das faculdades de Direito, cuja formação deficitária certamente influenciará no futuro exercício da profissão.

Significativo, nesse contexto, o surgimento do chamado "instrumentalismo processual", não só expressão da necessidade de desmistificar a reificação das formas e fórmulas jurídicas, mas também reação a um formalismo que vinha gerando uma espécie de paralisia decisória (pensando-se a decisão, aqui, como entrega efetiva da tutela demandada, na linha de um certo concretismo processual).

Com efeito, a falta de familiaridade com certos conceitos e a ausência de precisão terminológica - uma palavra para cada ideia e uma ideia para cada palavra, no dizer do jurista francês René Cassin, que põe em relevo, assim, a importância das redefinições no campo do direito - fazem aumentar significativamente o risco de inversão tumultuária do processo, a probabilidade de desacertos e nulidades, disfunções que a praxeologia jurídica tem, de certa forma, de desconsiderar, sob pena da inviabilização do processo como forma de composição dos litígios. Nesse contexto deve ser interpretada, por exemplo, a norma do art. 322, § 2º, do Código de Processo Civil.

Diante desse cenário de relativismos e incertezas, parece impossível exigir de quem decide o compromisso com o exame exaustivo dos argumentos desenvolvidos, mormente numa época em que a importância do sentido e do alcance das palavras vê-se substituída pela necessidade de produção em larga escala, injunção facilitada por programas informatizados de edição de texto e pelos fantásticos recursos da rede mundial de computadores, a congestionar mais e mais os aparelhos judiciais[23]. De fato, democratizou-se o espaço público da informação, ao tempo em que, paralelamente, banalizou-se a importância da formação.

No panorama de crise da razão subjetiva, não importam a concatenação das ideias, a exposição clara e linear dos fatos, a formulação das premissas que darão apoio à conclusão, a interpretação e a crítica, mas sim a palavra fácil, a loquacidade própria de quem muito fala mas pouco diz, certo de que é pela repetição maçante e enfadonha de lugares comuns que se obterá êxito na causa. Ao juiz se impõem precisão e o exame pormenorizado de todos os argumentos, por mais especiosos que sejam, mas da parte se admitem generalidade e inadequações.

Exigir uma moldura de racionalidade num quadro de irracionalidade é investir na entropia negativa do sistema judiciário - para usar a terminologia da teoria sistêmico-funcionalista -, o que diminui a capacidade de absorção dos conflitos sociais, já que o sistema passa a apresentar dificuldades no reconhecimento dos próprios códigos. Vale dizer, como o sistema judiciário opera na base de uma linguagem própria, sem que tenha de recorrer à linguagem de outros sistemas funcionalmente diferenciados, depende de certos procedimentos, desenvolvidos no interior dele próprio, e de uma unidade de discurso, para realizar o acoplamento estrutural com o sistema social, considerado aqui no sentido estrito (já que, numa visão macro, o Judiciário também seria um dos elementos do sistema social)[24].

---

23 É como se o aumento do número de rodovias construídas, na tentativa de desafogar o trânsito, fizesse crescer o número de veículos em circulação, servindo a oferta como estímulo à demanda (se isto tem ou não fundamento, diríamos, utilizando uma conhecida expressão italiana, que *se non è vero è bene trovato*).

24 É rica a bibliografia, nacional e estrangeira, acerca da teoria dos sistemas, a começar pelos clássicos estudos de Talcott Parsons, Niklas Luhmann e de seu discípulo, Günther Teubner. Para uma análise muito próxima do que se desenvolveu no parágrafo, v. GUERRA FILHO, Willis Santiago. *Autopoiese do direito na sociedade pós-moderna* - introdução a uma teoria social sistêmica. Porto Alegre: Livraria do Advogado, 1997. p. 75 a 86.

Esse modelo ajuda a compreender - agora sob um novo e último enfoque - as contradições e incompletudes apontadas ao longo deste trabalho, sinalizando no sentido de que somente um sistema processual aberto às experiências que se passam sobretudo nas universidades - instituições que se transformaram em centros de transmissão de informação, no lugar de servir de estímulo à formação e prática interdisciplinares - e em comarcas distantes - nas quais encontramos a figura do juiz solitário, sem estrutura de trabalho, e do advogado que muitas vezes sobrevive com os recursos do convênio firmado entre a entidade de classe e o Estado - poderá dissolver as inconsistências e preencher as lacunas aqui indicadas.

Se é certo que apenas no contato de determinado sistema com os demais revelam-se as contradições e a ausência de regulação adequada, certo também é que somente o acoplamento estrutural permite a realização do direito como instrumento de composição de litígios e pacificação social, colmatando lacunas e ultrapassando as aparentes contradições. Para tanto, a universidade precisa romper com o comodismo, renunciando à zona de conforto resultante do processo de massificação do ensino, ao passo que o jurista, de sua parte, haverá de deixar o discurso idealista para investir em práticas modernizadoras. Não bastam novos modelos jurídicos, revelando-se necessária a disposição para saber se eles dão conta da realidade dos fatos.

Além disso, é preciso resgatar a importância do sujeito moral. Não se espera que as partes sejam imparciais (pretensão que representaria uma *contradictio in terminis*, exigindo-se imparcialidade apenas de quem arbitra o conflito). Mas o processo judicial, como forma de pacificação dos conflitos e, portanto, como técnica de controle social, só cumprirá seu papel civilizatório quando se estabelecer uma adequada relação entre o controle técnico e o controle ético[25].

Isso é de fundamental importância na jurisdição do direito público. Inspiradores são os ditames do art. 37, *caput*, da Constituição da República, que, conquanto alheios à esfera processual, têm como

---

25 Em um sentido muito próximo, ver DANTAS, San Tiago. A educação jurídica e a crise brasileira. In: *Encontros da UnB - ensino jurídico*. Brasília: UnB, 1979.

vetor a atuação reta que se espera do poder público, também fora do âmbito do controle interno. A mesma expectativa de correção se encontra presente na sujeição às súmulas vinculantes (art. 103-A da CF), não se justificando a pretensão resistida quando o poder incumbido de arbitrar os conflitos já se manifestou acerca da matéria.

BIBLIOGRAFIA

ALEXY, Robert. *Teoria da argumentação jurídica* - a teoria do discurso racional como teoria da justificação jurídica. Tradução de Zilda Hutchinson Schild Silva. São Paulo: Landy, 2001.

BOBBIO, Norberto. *Teoria do ordenamento jurídico*. Tradução de Maria Celeste Cordeiro Leite dos Santos. Brasília: Ed. Universidade de Brasília (em co-edição com a Ed. Polis de São Paulo), 1991.

COPI, Irving Marmer. *Introdução à lógica*. Tradução de Álvaro Cabral. 2. ed. São Paulo: Mestre Jou, 1978.

DANTAS, San Tiago. A evolução jurídica e a crise brasileira. In: *Encontros da UnB - ensino jurídico*. Brasília: UnB, n. 144, 1979.

DWORKIN, Ronald. *Levando os direitos a sério*. Tradução de Nelson Boeira. São Paulo: Martins Fontes, 2002.

ENGISCH, Karl. *Introdução ao pensamento jurídico*. Tradução de João Batista Machado. 6. ed. Lisboa: Fundação Calouste Gulbenkian, 1988.

GUERRA FILHO, Willis Santiago. *Autopoiese do direito na sociedade pós-moderna* - introdução a uma teoria social sistêmica. Porto Alegre: Livraria do Advogado, 1997.

HABERMAS, Jürgen. *Direito e democracia*: entre facticidade e validade. Tradução de Guido A. de Almeida. 2. ed. Rio de Janeiro: Tempo Brasileiro, 2010. v. 1.

__________. *Teoría de la acción comunicativa* - racionalidad de la acción y racionalización social. Tradução de Manuel Jiménez Redondo. 2. ed. Buenos Aires: Taurus Humanidades, 2001. v. 1.

__________. *Teoría de la acción comunicativa* - crítica de la razón funcionalista. Tradução de Manuel Jiménez Redondo. 3. ed. Buenos Aires: Taurus Humanidades, 2001. v. II.

__________. *Teoría de la acción comunicativa*: complementos y estudios prévios. Tradução de Manuel Jiménez Redondo. 4. ed. Madrid: Cátedra, 2001.

HEGENBERG, Leonidas. *Definições*: termos teóricos e significado. São Paulo: Cultrix-Edusp, 1974.

JORGE, Flavio Cheim. *Teoria geral dos recursos cíveis*. 5. ed. São Paulo: Revista dos Tribunais, 2011.

KELSEN, Hans. *Teoria pura do direito*. Tradução de João Baptista Machado. 5. ed. Coimbra: Armênio Amado, 1979.

__________; KLUG, Ulrich. *Normas jurídicas e análise lógica (correspondências trocadas)*. Tradução de Paulo Bonavides. Rio de Janeiro: Forense, 1984.

LUHMANN, Niklas. *Sociologia do direito I*. Tradução de Gustavo Bayer. Rio de Janeiro: Tempo Brasileiro, 1993.

MÉNDEZ, Francisco Ramos. ¿Abuso de derecho em el proceso? In: José Carlos Barbosa Moreira (org.). *Abuso dos direitos processuais*. Rio de Janeiro: Forense, 2000.

PERELMAN, Chaïm; OLBRECHTS-TYTECA, Lucie. *Tratado da argumentação:* a nova retórica. Tradução de Maria Ermantina Galvão G. Pereira. São Paulo: Martins Fontes, 1996.

SALMON, Wesley Charles. *Lógica*. Tradução de Leonidas Hegenberg e Octanny Silveira da Mota. 6. ed. Rio de Janeiro: Zahar, 1984.

SOUZA, Luiz Sergio Fernandes de. *Abuso de direito processual* – uma teoria pragmática. São Paulo: Revista dos Tribunais, 2005.

__________. *O papel da ideologia no preenchimento das lacunas no direito*. 2. ed. São Paulo: Revista dos Tribunais, 2005.

TOSI, Renzo. *Dicionário de sentenças latinas e gregas*. Tradução de Ivone Castilho Benedetti. 2. ed. São Paulo: Martins Fontes, 2002.

TOULMIN, Stephen. *The uses of argument*. Cambridge: University Press, 1958.

A COMPETÊNCIA DO JUIZADO ESPECIAL DA FAZENDA PÚBLICA: ANOTAÇÕES

Ricardo Cintra Torres de Carvalho

1. Introdução

Estas anotações decorrem do estudo a que procedi quando designado relator do IRDR n. 0037860-45.2017.8.26.0000, Tema TJSP n. 17, suscitado pelo Dr. Alberto Alonso Muñoz, Juiz de Direito da 13ª Vara da Fazenda Pública da Capital, e vai além da questão então submetida a julgamento (a definição do valor da causa no litisconsórcio facultativo, para efeito da alçada). A análise levou a pontos não abordados antes e a uma visão diferente daquela que o sistema judiciário vem tendo dessa competência. O trabalho aqui apresentado é uma condensação do estudo então feito, dada a limitação de espaço.

2. Evolução legislativa

Os Juizados Especiais Cíveis, Criminais e da Fazenda Pública têm origem na LF n. 7.244, de 07/11/1984, que dispôs sobre a criação e funcionamento do Juizado Especial de Pequenas Causas para o processo e julgamento, por opção do autor e buscando sempre a conciliação das partes (art. 2º, *in fine*), das causas que versem direitos patrimoniais e decorram de pedido de condenação não excedente a vinte salários mínimos na data do ajuizamento, das causas nela indicadas. Não se aplicava às causas natureza alimentar, falimentar, fiscal e de interesse da Fazenda Pública, nem às causas relativas a acidentes do trabalho, a resíduos e ao estado e capacidade das pessoas, ainda que de cunho patrimonial (art. 3º, § 1º) e permitia a formulação de pedido genérico quando não fosse possível determinar, desde logo, a extensão da obrigação (art. 15, § 2º), mas com a anotação de que "não se admitirá sentença condenatória por quantia ilíquida, ainda que genérico o pedido" (art. 38, parágrafo único).

A importância dos Juizados Especiais foi realçada na Constituição Federal de 1988, art. 98, I, ao prever que a União e os Estados criassem "juizados especiais, providos por juízes togados, ou togados e leigos, competentes para a conciliação, o julgamento e a execução de causas cíveis de menor complexidade e infrações penais de menor potencial ofensivo, mediante os procedimentos oral e sumaríssimo, permitidos, nas hipóteses previstas em lei, a transação e o julgamento de recursos por turmas de juízes de primeiro grau".

Após, a LF n. 7.244/84 foi revogada pela LF n. 9.099, de 26/09/1995, ainda em vigor, que dispôs sobre os Juizados Especiais Cíveis e Criminais. As causas submetidas ao Juizado Especial Cível seriam aquelas de menor complexidade, assim consideradas aquelas de valor não excedente a quarenta salários mínimos, aquelas do art. 275, II, do CPC, o despejo para uso próprio e as ações possessórias de valor não excedente ao indicado (art. 3º, I a IV), com as mesmas exclusões da lei anterior (art. 3º, § 2º), e idêntica ênfase na conciliação e na transação (art. 2º). O art. 10 admite o litisconsórcio e foi mantida a possibilidade de pedido genérico, mas com obrigatória sentença líquida, "ainda que genérico o pedido" (arts. 14, § 2º, e 38, parágrafo único). Não há menção na lei à competência absoluta, entendendo-se mantida a opção do autor prevista na lei anterior. A lei continua em vigor, com diversas alterações.

A LCE n. 851, de 09/12/1998, criou o Sistema de Juizados Especiais no Estado de São Paulo, integrado pelos Juizados Cíveis e Criminais e pelas Turmas Recursais de cada Circunscrição Judiciária, compostas por três juízes vitalícios em exercício no primeiro grau (arts. 1º, 13 e 15). A LCE n. 1.140 de 21/06/2011 alterou somente a composição do Conselho Supervisor, mantida no mais a lei anterior.

A LF n. 10.259, de 12/07/2001, dispôs sobre os Juizados Especiais Cíveis e Criminais Federais, aos quais se aplicam os dispositivos da LF n. 9.099/95, com competência cível absoluta nos foros onde instalada Vara respectiva (art. 3º, § 3º) para causas de competência da Justiça Federal de valor até sessenta salários mínimos [nada diz sobre o litisconsórcio], salvo aquelas indicadas no art. 3º, § 1º: I - referidas no art. 109, II, III e XI, da Constituição Federal, as ações de mandado de segurança, de desapropriação, de divisão e demarcação, populares, execuções fiscais e por improbidade administrativa e as demandas sobre direitos ou interesses difusos, coletivos ou individuais homogêneos; II - sobre bens imóveis da União, autarquias e fundações públicas federais; III - para a anulação ou cancelamento de ato administrativo federal, salvo o de natureza previdenciária e o de lançamento fiscal; IV - que tenham como objeto a impugnação da pena de demissão de servidores públicos civis ou de sanções disciplinares aplicadas a militares.

A lei nada diz sobre o pedido ou sobre a sentença, que se presumem absorvidos da lei anterior por aplicação subsidiária; mas permite a realização de exame técnico, sempre necessários nas ações previdenciárias (art. 12, §§ 1º e 2º).

A LF n. 12.153, de 22/12/2009, dispôs sobre os Juizados Especiais da Fazenda Pública nos Estados e no Distrito Federal, integrados em um sistema com os Juizados Especiais Cíveis e Criminais, para conciliar e julgar causas cíveis de interesse da administração até o valor de sessenta salários mínimos, ressalvadas (art. 2º, § 1º): I - as ações de mandado de segurança, de desapropriação, de divisão e demarcação, populares, por improbidade administrativa, execuções fiscais e as demandas sobre direitos ou interesses difusos e coletivos; II - as causas sobre bens imóveis dos Estados, Distrito Federal, Territórios e Municípios, autarquias e fundações públicas a eles vinculadas; III - as causas que tenham como objeto a impugnação da pena de demissão imposta a servidores públicos civis ou sanções disciplinares aplicadas a militares. Foi-lhe atribuída competência absoluta onde instalado (art. 2º, § 4º) e o § 3º, que foi vetado pelo Presidente da República, dispunha que, em caso de litisconsórcio, a competência seria aferida por autor.

É determinada a aplicação subsidiária do CPC, da LF n. 9.099/95 e da LF n. 10.259/2001, de modo que aplicáveis as disposições sobre o pedido genérico e sobre a sentença necessariamente líquida.

3. Valor da causa e litisconsórcio

Assim posto o enquadramento legal, a primeira dúvida surgiu nos casos de litisconsórcio. O Superior Tribunal de Justiça ao examinar idêntica questão surgida nos Juizados Especiais Federais (LF n. 10.259/01, que silencia sobre o litisconsórcio), por considerar que a complexidade da causa não decorre do número de autores, mas da complexidade probatória, entendeu que, "no caso de litisconsórcio ativo facultativo, impende considerar o valor de cada uma das causas individualmente considerado, não importando que a soma de todos eles ultrapasse o valor de sessenta salários mínimos" (REsp n. 794.806-PR, STJ, 1ª Turma, 16/03/2006, Rel. Francisco Falcão). Esse entendimento foi reafirmado em julgamentos posteriores e acabou acolhido pela Turma Especial no julgamento do IRDR n. 0037860-45.2017.8.26.0000, Tema TJSP n. 17, 2019.

Não me pareceu a decisão acertada, conforme o voto vencido que apresentei na ocasião, pelas razões aqui resumidas e que apresento como uma contribuição ao debate. Primeiro, a lei é clara ao dizer que a alçada é aferida "pelo valor da causa", que segundo o art. 292, VI, do CPC constará da petição inicial e será, "na ação em que há cumulação de pedidos, a quantia correspondente à soma dos valores de todos eles". As leis que cuidam dos Juizados Especiais não dizem outra coisa; o art. 15 da LF n. 9.099/95, por exemplo, e de aplicação subsidiária, estabelece que "os pedidos mencionados no art. 3º desta Lei poderão ser alternativos ou cumulados; nesta última hipótese, desde que conexos e a soma não ultrapasse o limite fixado naquele dispositivo", admitindo que a competência seja aferida pelo valor dos pedidos somados. Decorre do art. 15 que o Juizado Especial, competente para cada um dos pedidos isoladamente considerados, deixa de sê-lo quando cumulados; e a lei não distingue os pedidos cumulados de um único autor ou os pedidos cumulados de vários autores. Não há razão para o "valor da causa" seja um no processo comum e outro no processo do Juizado Especial.

Segundo, o art. 66 da Constituição Federal estabelece que o veto do Presidente da República será mantido ou derrubado pelo

Senado Federal; compõe o processo legislativo, e não pode o Judiciário, que não participa do processo legislativo, indiretamente rejeitá-lo ao mandar dividir por autor o valor que o veto indicou que não devia ser dividido. A aplicação do § 2º do art. 3º da LF n. 12.153/2009, dispositivo vetado implica na indireta - na prática, como mencionei - rejeição do veto pelo juiz e na introdução de dispositivo expressamente afastado pelo legislador, considerado em conjunto, posição rejeitada pelo Supremo Tribunal Federal (Jefferson Amauri de Siqueira *versus* Presidente da República, AgRg em MS n. 33.694-DF, STF, Pleno, 07/10/2015, Relª. Cármen Lúcia, petição inicial indeferida, decisão singular mantida).

4. Interesses coletivos. Vantagens funcionais de servidor público

A dúvida sobre a competência dos Juizados Especiais não se encerra no valor da causa; vai além, em detalhe que só agora começa a ser examinado pelo nosso Tribunal de Justiça. As leis que cuidaram do tema deixam claro que os Juizados Especiais não se destinam à litigância em geral nem substituem as Varas, mas cuidam das causas mais simples, de menor complexidade e valor, que permitem a conciliação e as sentenças líquidas; por isso sempre excluíram determinadas demandas que, abstraído o valor ou a complexidade intrínseca, continuam submetidas às Varas e aos tribunais. Entre tais exclusões estão as causas contra a Fazenda Pública (art. 3º, § 1º, da LF n. 7.244/84 e art. 3º, § 2º, da LF n. 9.099/95), os direitos ou interesses difusos, coletivos ou individuais homogêneos (art. 3º, § 1º, I, da LF n. 10.259/2001) e os direitos ou interesses difusos ou coletivos (art. 2º, § 1º, I, da LF n. 12.153/2009).

Tais exclusões reforçam a vocação do Juizado Especial: as causas simples, de menor valor e de interesse individual do autor. Não se enquadram na sua competência as causas que envolvam direitos ou interesses coletivos ou individuais homogêneos, que pela própria natureza "coletiva" ou "individual homogênea" implicam uma decisão que não beneficia somente o autor, mas reflete no direito ou no interesse de uma coletividade, a justificar uma decisão igualmente homogênea (= igual) para todos os seus integrantes.

A jurisprudência tem descuidado dessa distinção. A lei não fala em "ação coletiva" ou "ação de interesse individual homogêneo" como requisito processual; não distingue **a ação**, mas **o interesse ou o direito** que, por ser pleiteado por um só, não perde o seu caráter coletivo ou individual homogêneo; e essa é exatamente a previsão da lei processual atual, vale dizer, a de que as questões que repercutem em uma coletividade exigem uma decisão coerente, pensada, homogênea, para que todos os interessados tenham o mesmo direito, ou a nenhum deles o direito seja reconhecido. A Turma Especial, compreendendo essa necessidade, vem buscando essa coerência de que o tribunal descurou por tanto tempo.

É nesse sentido a recente decisão que suspendeu as demandas individuais, no aguardo da decisão de uma ação coletiva que nelas podia refletir: "Por derradeiro, os direitos individuais homogêneos referem-se a direitos individuais com dimensão coletiva, ou seja, aqueles que decorrem de lesões advindas de relações jurídicas massificadas/padronizadas. Seus titulares são pessoas determinadas (critério subjetivo), havendo resultado real da violação diverso para cada uma, o que configura a divisibilidade de seu objeto ou do bem jurídico tutelado (critério objetivo), estabelecendo-se o vínculo entre os sujeitos em razão de uma circunstância de fato ou de direito com origem comum para todos [...]" (Eleuza Machado de Lima *versus* Itaú Unibanco S/A e outros, REsp n. 1.525.327-PR, STJ, 2ª Seção, 12/12/2018, Rel. Luis Felipe Salomão, em recurso repetitivo, Tema n. 923). Em outras palavras, a jurisprudência admite expressamente a dimensão coletiva de determinados direitos individuais.

A leitura que agora sugiro complementa a questão inicialmente analisada (o valor da causa no litisconsórcio), pois afirma que as ações que cuidam de questões funcionais de servidores públicos envolvem interesses individuais homogêneos, coletivos, no dizer do art. 2º, § 1º, I, da LF n. 12.153/09, excluídos 'per se' da competência do Juizado Especial da Fazenda pela sua natureza, e não pelo valor. Esse é o entendimento que se sobrepõe aos demais e alcança também as ações individuais com valor inserido na alçada dos Juizados Especiais.

5. Complexidade

Vejo hoje que temos usado a complexidade das ações, como divisor da competência, de uma forma equivocada. O termo "complexidade" aparece no inciso I do art. 98 da Constituição Federal, mas referente à natureza, não ao valor da demanda. Diversamente do que se tem dito, a lei não afasta a complexidade na fase de conhecimento, tanto que o art. 9º, § 2º, da LF n. 7.244/84 dispõe que "se a causa apresentar questões complexas, o Juiz alertará as partes da conveniência do patrocínio por advogado", sem definir se a complexidade se refere à questão de direito ou de fato; e não afasta a complexidade probatória, tanto que o art. 12 da LF n. 10.259/2001 e o art. 10 da LF n. 12.153/2009 preveem a nomeação de pessoa habilitada "para efetuar o exame técnico necessário à conciliação ou ao julgamento da causa".

A lei admite a complexidade na fase de conhecimento, mas não na fase de execução, ao contrário dos nossos precedentes. Extraio isso da LF n. 7.244/84, art. 15, § 2º, que permite a formulação de pedido genérico "quando não for possível determinar, desde logo, a extensão da obrigação" [a regra geral é o pedido certo], mas não admite sentença condenatória por quantia ilíquida, "ainda que genérico o pedido" (art. 38, parágrafo único). A LF n. 9.099/95 traz iguais disposições nos arts. 14, §§ 2º e 38, parágrafo único, e vai além: o art. 52, I, dispõe que "as sentenças serão necessariamente líquidas, contendo a conversão em Bônus do Tesouro Nacional ou índice equivalente", a serem cumpridas tão logo transitem em julgado (inciso III). A LF n. 10.259/2001 não repete tais dispositivos, mas prevê o pagamento da quantia certa "após o trânsito em julgado da decisão" (art. 17), referindo-se à decisão condenatória, independentemente de precatório, sem prever ou mencionar a fase de liquidação sempre necessária nessas ações. A LF n. 12.153/2009 dispõe de modo assemelhado à lei anterior, mas admitindo o precatório se o montante da condenação exceder o valor definido como obrigação de pequeno valor (art. 13, I e II), cabendo consignar que a alçada dos Juizados Especiais excede o valor da RPV.

As leis falam em simplicidade ou em pequeno valor, não em "complexidade" de uma ou de outra fase; e não há razão para o tribunal entender que tal termo, se usado em contraposição à simplicidade, faça referência apenas à primeira fase do processo. Ao contrário, a lei admite a complexidade [relativa] da prova, mas pretende que a execução seja simples e rápida, algo de impossível consecução nas ações multitudinárias que têm sido enviadas ao Juizado Especial. Melhor considerando, e acertado que o Juizado Especial admite a prova oral e pericial mais simples, não lhe é próprio cuidar de ações que demandem uma alongada e complexa execução, assim impedindo o rápido cumprimento da sentença e o encerramento do processo. A lei evita a complexidade da execução, não da fase de conhecimento, diversamente do que temos afirmado.

6. Juizados Especiais e o CPC

A lei configurou os Juizados Especiais como um sistema próprio e paralelo à Justiça Comum, com leis, regras processuais e sistema recursal próprio. A LF n. 12.153/2009, que reproduz a LF n. 10.259/2001, prevê que os recursos (art. 17) serão apreciados por uma Turma Recursal formada por juízes de primeiro grau, designados por dois anos não renováveis [temos hoje sete Turmas Recursais da Fazenda Pública no I Colégio Recursal - Centro na Capital, uma nas Circunscrições Judiciárias de São Bernardo do Campo, Santo André, Campinas (não instalada), Sorocaba (não instalada), Araçatuba e São José dos Campos; nas demais Circunscrições (são 56 ao todo) as ações são processadas no Juizado Especial Cível e os recursos são julgados pelas Turmas Recursais Cíveis].

Do modo como têm sido entendidas, as ações de servidores públicos são distribuídas nas Varas e nos Juizados Especiais a depender apenas do valor da causa (ou do valor por listisconsorte), em dois sistemas judiciários independentes e sem comunicação no primeiro e no segundo grau, em que os recursos aqui são julgados pelo Tribunal de Justiça e lá pelos Colégios Recursais. Essa duplicidade dá margem a duas linhagens jurisprudenciais sobre o mesmo tema e à divergência que já ocorreu em alguns julgados. O duplo caminho não favorece a coerência nessas ações, que demandam uma solução uniforme.

7. O processo nas Varas e nos Juizados

A manutenção da dupla via poderia ser admitida, com ressalva, se trouxer algum ganho ao sistema ou às partes; mas isso não ocorre, porque o sistema dos juizados é inadequado à maior parte das demandas que envolvem a Fazenda Pública. A experiência mostra que a administração, até pela indisponibilidade do interesse público, não concilia, exigindo o cumprimento das formalidades legais; afastada a conciliação, os processos nas Varas e nos Juizados seguem o mesmo trâmite e as mesmas fases; a única diferença prática é a dispensa da assistência de advogado na primeira fase (apenas advogados podem subscrever os recursos), mas que será necessária na execução, ainda mais nas ações multitudinárias, ante a complexidade dos cálculos a serem apresentados. O processamento no Juizado Especial não implica ganho processual para as partes ou para o tribunal.

A inadequação do processamento dessas ações nos Juizados Especiais se manifesta ainda em outros aspectos: **um**, o art. 14, § 1º, III, da LF n. 9.099/95 estabelece que do pedido constarão, de forma simples, em linguagem acessível, o objeto e seu valor. Não há como indicar o valor no pedido, pois o autor ignora nesse momento a extensão do que for concedido, sendo preciso aguardar o cumprimento da obrigação de fazer para, em seguida e até essa data, coletados os informes da administração, apresentar a conta; e o juiz não tem como proferir a sentença líquida prevista no art. 38, parágrafo único. Há notícia de que os Juizados Especiais têm indeferido as iniciais quando o autor não consegue indicar desde logo o valor pedido. **Outra**, tais ações são individuais ou limitadas a cinco litisconsortes pelos Juizados Especiais, multiplicando nessa proporção as ações que são usualmente propostas com até trinta autores nas Varas e multiplicando na mesma proporção o número de processos e a carga dos Juizados. **Outra ainda**, há notícia de que Juizados Especiais têm determinado que a ação seja proposta no domicílio do autor, inviabilizando o acesso de servidores municipais e estaduais que passaram a residir em outros Estados. **Outra mais**, os terceiros interessados que se manifestaram nos autos (caso cujo julgamento inspirou o presente trabalho), em especial o Centro do Professorado Paulista, delineia extensa lista de processos que foram extintos pelo Juizado Especial em razão do não atendimento aos requisitos, os quais não poderão ser distribuídos na Vara, se prevalente o cálculo do valor da causa por litisconsorte.

A submissão dessas ações aos Juizados Especiais não colabora para a coerência e a estabilidade da jurisprudência, não permite que os Juizados desenvolvam a sua vocação (processos simples, com ênfase à conciliação e execução de sentenças líquidas) e tem dado margem a inúmeros conflitos de competência e anulações de processos na fase recursal. Ou as ações de interesse coletivo dos servidores públicos são processadas lá, ou são processadas nas varas; não há por que manter esse duplo processamento.

8. Competência absoluta

Tem-se dito que o § 4º do art. 2º da LF n. 12.153/2009 estabelece que "no foro onde estiver instalado o Juizado Especial da Fazenda Pública, a sua competência é absoluta"; o valor da causa, portanto, foi alçado à categoria de fundamento de competência absoluta, diferentemente do valor da causa no procedimento comum. Os interessados podem litigar em conjunto, mas a opção pelo litisconsórcio facultativo não pode servir de manobra ou instrumento para subverter o espírito da lei e a celeridade processual na fase inicial e no cumprimento da sentença. A competência absoluta se sobrepõe à liberdade da parte de escolher o foro onde quer demandar; por tal motivo processo que tramitou irregularmente na Vara foi anulado para prosseguimento no Juizado Especial competente (Fundação Nacional de Saúde - FUNASA *versus* Antônio Paiva de Figueiredo e Outros, REsp n. 1.264.430-PB, STJ, 1ª Turma, 21/09/2011, Rel. Benedito Gonçalves, decisão singular, enfocando os Juizados Especiais Federais).

Não há razão para esse receio. Admitindo-se que tais ações são coletivas por natureza, a competência dos Juizados Especiais fica afastada e serão todas propostas nas Varas, como era antes, independentemente do valor da causa e do número de autores.

Desse estudo extraí as teses que me parecem adequadas; permitirão a formação de uma jurisprudência sólida nesse tema sensível (vantagens funcionais), evitarão o colapso atual dos Juizados Especiais e permitirão que eles se dediquem ao que fazem e continuarão a fazer bem, que é compor demandas individuais de valor certo e de cumprimento facilitado. As teses são as seguintes:

> 1. Compete ao Juizado Especial processar, conciliar e julgar causas cíveis propostas por servidor municipal ou estadual contra a administração pública até o valor de sessenta salários mínimos, assim entendidas as demandas de interesse individual do autor (art. 2º, *caput*, da LF n. 12.153/2009).
>
> 2. Compete às Varas processar e julgar as causas cíveis propostas por servidor municipal ou estadual contra a administração pública que discutam direito ou interesse difuso e coletivos,

aqui incluídas as ações que repercutem em uma coletividade de servidores, independentemente do valor (art. 2º, I, parte final, da LF n. 12.153/2009).

3. Considerando que o valor da causa vem definido no art. 15 da LF n. 9.099/95, não cabe ao juiz considerar o valor da causa por litisconsorte para definição da competência [esta tese não foi acolhida pela Turma Especial].

DA SEGURANÇA JURÍDICA E O PROCESSO CIVIL

Ricardo Henry Marques Dip

SUMÁRIO: 1. As regras do processo judicial - 2. O conhecimento e a aplicação do direito - 3. A segurança jurídica - 4. A segurança processual.

1. As regras do processo judicial

Por que há regras de processo judicial? Ou seja, por quais motivos, em vez de permitir-se ampla liberdade deliberativa e discursiva no método de descoberta e aplicação judiciária do direito num caso concreto, seu caminho é previamente sinalizado, até mesmo restringido, em dados quadros?

Se é bem verdade que o termo *processo* corresponde, já à origem latina (com o verbo *cedo* e o afixo *pro*), às ideias de marcha para adiante, avanço, ir para frente, progresso, o que bem pode contrastar-se com seu antônimo (retrocesso; do latim *recedo*), tem-se de pensar no substrato do caminho, é dizer, do *locus qua*: o lugar ou caminho por onde se passa para chegar a algum ponto.

Esse *locus qua* admite a possibilidade da indefinição. Lewis Carrol, em *Alice no país das maravilhas*, disse que ela pretendia fugir de um bosque, mas não tinha ideia de como fazê-lo, e, por isso, indagou do Gato Caçoador por qual trilha seguir, e o gato respondeu-lhe: "isto, depende; depende do lugar aonde você deseja ir". E quando Alice lhe disse que para ela tanto fazia o local a que destinar-se, o Gato Caçoador replicou: "neste caso, tanto faz o caminho que você seguirá".

Este "lugar aonde" a que se referiu o Gato Caçoador é o *locus quo* - ou seja, o lugar aonde ou para onde alguém se dirige. São coisas diversas esses lugares: um, o do caminho (*locus qua*), outro o do objetivo (*locus quo*).

Ora bem, se o processo tem um objetivo (é dizer, um *locus quo*), bem parece convir que seu *locus qua* - seu caminho - não seja qualquer, não seja de tal modo indeterminado que possa levar ao extravio, à *desordem*, senão que antes se destine a seu bem.

Na hipótese do processo judicial, o *locus quo* ou objeto terminativo desse processo, proximamente, é a coisa justa (*res iusta*) e, de modo mais remoto, é o bem comum, um e outra que, só com avistáveis graves consequências sociais, poderiam conviver com a indeterminação ou desordenação de seu caminho. Isso sugere, pois, que o processo seja determinado (*rectius*: ordenado).

2. O conhecimento e a aplicação do direito

Não é algo novo a existência de regulação do caminho judicial para, de maneira singular, conhecer-se e aplicar-se o direito.

Lê-se, com efeito, no *Gênesis*, que Adão - a quem se atribuíra a guarda do Paraíso - e sua mulher Eva tinham por preceito não comer do fruto da árvore da ciência do bem e do mal. Foi Eva induzida a transgredir esse preceito pelo engano de supô-lo arbitrário e destituído de razão (Gên., III-4-5; Schuster-Holzammer, p. 110), é dizer: foi-lhe indicada a trilha de sua autonomia para, a seu gosto, substituir a regulação: em outras palavras, Eva tornou-se uma juíza *delegibus*, vale dizer: em vez de observar a lei, a primigênia ativista julgava da - e sobre a - lei. Na sequência desse pecado adâmico não vem diretamente o tríplice castigo que lhe foi infligido e a sua descendência, mas um *processo*: cita-se Adão (*vocavit Dominus Deum Adam*... - Gên., III-9), e, tanto a ele, quanto a Eva, dá-se o direito de defesa (III-11-13) antes de imporem-se as penas. Também adiante isso se verá quanto ao crime de Caim (Gên., IV-9 *etsqq.*).

Foi nas primeiras décadas do século XX que Kafka escreveu seu célebre *O processo*, romance em que a personagem principal, o bancário Josef K., responde a uma demanda cujo libelo lhe é negado conhecer. Essa injustiça é tão amplamente reconhecida que a expressão *processo kafkiano* se tornou significativa de algo tido por inconcebível: Josef K., bem o disse Carpeaux (IV-2.612), é perseguido "por tribunais misteriosos", ou seja, dotado de critérios livres.

Mas um ponto de relevo nesse tema é o de que não se sabe da existência do estabelecimento divino-positivo de regras processuais anteriores ao pecado adâmico, e tampouco de leis positivas do entorno de Josef K., previrem a comunicação do teor das acusações aos réus. Isso sugere reconhecer normas jurídico-naturais para o processo, normas que, com independência de regras positivadas, exijam-se para que o processo seja legítimo. Há, pois, um *processus secundum naturam* - aqui significando um método que, para a aplicação heterônoma do direito, observa regras da natureza das coisas (*regulæ rerum naturæ*) -, cujo fim é a justiça (ou devida igualdade) no próprio processo.

Pode entender-se, pois, que essas leis naturais do processo integram um patrimônio comum, o que já se designou de *metafísica natural da inteligência*, porque essas leis estão para a razão prática tal como os primeiros princípios demonstrativos estão para a razão especulativa (S. Tomás, *S.th.*, I-II, 94-2). Mas há algo ainda a considerar: dá-se o caso de que essas regras processuais *ex natura não bastam para a consecução integral da justiça no processo. Com efeito, a natura rerum* impõe que os homens tenham o direito de defender-se e que o possam fazer num tempo razoável, mas não indica qual seja esse tempo razoável: um mês, dez dias, 15 dias? A natureza das coisas também impera a estabilidade das decisões, mas a *res iudicata* deve admitir-se depois de qual prazo e sob quais condições? *Evia dicendo*... Daí esta indagação de Arthur Utz: se o direito natural do processo há de ter eficácia "sem uma lei positiva, vale dizer, se responde ao sentido da ordem social deixar em mãos do juiz a interpretação dos direitos do homem acima de toda segurança jurídica" (II-181), pois que isso levaria ao subjetivismo (ou ativismo) judicial.

Acrescente-se também ser exigência da natureza das coisas a tarefa de, conformando-se às regras superiores da lei natural, declararem-se e complementarem-se, se o caso, essas mesmas regras naturais por meio de leis humanas positivas, que também servem para evitar exculpáveis más compreensões das regras da natureza das coisas ou a malícia humana, uma e outras fraudatórias, muita vez, da justiça do próprio processo.

A convivência humana - e não é demais relembrar aqui a consagrada lição de Aristóteles, na *Política*, de que o homem é um ser naturalmente social - exige que a relação dos conviventes seja dotada de alguma objetividade normativa, de que resultem uma reta ordenação e a certeza de como se devem orientar os homens. Disse, a propósito, López de Oñate (p. 129) que "a norma certa é norma que transcende a sociedade: norma que, precisamente por este seu caráter e por esta sua realização da própria natureza, realiza a tarefa que lhe está encomendada e que *só é sua*, de ser possível, manter e salvar a sociedade, impedindo-a de recair no estado primitivo de absoluta indefinição e fluidez, cuja superação foi justamente o principal esforço do mundo civilizado ao constituir-se como tal".

A instituição das leis humanas resulta de sua necessidade para o bem comum natural e o aperfeiçoamento terreno dos homens, de modo que elas, pois, tanto interessam à ética individual, quanto à justiça, a cuja consecução também não raro concorre a segurança jurídica. Embora não se deva recusar em absoluto que a justiça possa realizar-se diretamente pelos juízes - é dizer, sem leis prévias -, isto não parece convir (Aristóteles, *Ret.*, Bkk. 1.354 a 31; S. Tomás, *S.th.*, I-II, 95-1 *ad2um*), exatamente porque não atende à segurança jurídica que é característica da lei positiva. É que, com essa lei positiva, tem-se segurança (e certeza) de orientação.

3. A segurança jurídica

Que é a segurança jurídica? Antes mesmo disso, que é a segurança, em seu gênero?

Dela disse Afonso Botelho (p. 51) ser "uma lógica sequência do receio, um fruto legítimo do temor", e ainda: "O temor e a segurança residem no coração e não podem coexistir, por isso o que teme não está seguro" (p. 49); e, no mesmo sentido, Romano Amerio (§ 126) observou que "certeza e segurança são o rosto intelectual e o rosto psicológico de um idêntico estado homem". Exclusão do temor: isso é a segurança psicológica, que remete (ou reporta-se) a um estado de certeza no plano intelectual, mas certeza que provém de uma realidade ou ao menos de uma aparência de segurança objetiva. Exclusão, mas exclusão *relativa* do temor: não pode, entre os homens, ser o temor, de modo absoluto, excluído objetivamente na vida terrena, e até mesmo pode ocorrer que sua falta seja um vício (Echavarría, p. 508).

Também no campo jurídico é assim: embora o direito viva por sua certeza (Dromi, p. 232) - de maneira que o direito se moleste pelo arbítrio administrativo, a desordem legislativa e a imprevisibilidade judicial -, temos de conviver com o fato de o direito ser *propriamente* objeto de saber prático, e não de saber especulativo, de modo que não se tem, no âmbito jurídico, o mesmo gênero de certeza que se tem com o saber teórico: é que, versando sobre o operável - *scl.*, coisas singulares e contingentes (*res singularia et contingentia*) -, as leis humanas "não podem fruir da mesma infalibilidade que têm as conclusões demonstrativas das ciências [teóricas]" (*S.th.*, I-II, 91-3, *ad3um*).

Conceitua-se essencialmente a segurança jurídica, *firmitas rerum iuridici status* - firme estado jurídico das coisas. É estabilidade (*firmitas*), mas é uma estabilidade não qualquer, senão que jurídica (*scl.*, conformada ao *quod iustum est*): é seguridade no direito, com o direito, pelo direito, para o direito. É estabilidade na ordem - natural e determinativa; "*tout se tient de la vie de l'homme* - disse Louis Le Fur -, *il n'y a ni beauté, no vérité, ni justice dans le désordre*" (p. 7). Só há segurança jurídica na ordem que tem por objetivo o bem comum: o direito não é direito por sua origem, é direito por seu fim. Por isso, as exigências todas de segurança que se apresentem ao direito positivo são, simultaneamente, ainda que por diverso aspecto, exigências de justiça (Delos, p. 45).

Em seu objeto terminativo - e apontando-lhe uma função prático-prática - a segurança jurídica, na celebrada enunciação de Delos, é "a garantia dada ao indivíduo de que sua pessoa, seus bens e seus direitos não serão objeto de ataques violentos, ou de que, se esses ataques vierem a produzir-se, a sociedade lhe assegurará proteção e reparação" (p. 41). Nessa mesma linha, Victor Ehrenberg afirmou que o suposto inicial da segurança jurídica, *ex toto genere suo*, está em que a existência e o conteúdo do direito não possam ser questionados, sem auscultar-se a vontade de seu titular, e isso, não por uma exigência subjetiva e particular, mas sim para atender, proximamente, à necessidade objetiva e geral do ordenamento jurídico, e, de maneira sobreposta, ao bem comum.

No processo, a segurança jurídica é, de modo especial, segurança *do* direito, é dizer, "perceptividade certa da norma jurídica"

(Radbruch, p. 54), certeza que se tornaria ilusória se, a qualquer momento, a norma possa abolir-se ou ter sua aplicação recusada: se bem a segurança jurídico-processual vise também a garantir a igualdade das partes e a independência do juiz, *in suo ordine*, ela, sobretudo, está destinada a limitar a potestade do estado: a segurança jurídica "trata de resguardar o indivíduo contra eventuais usurpações do poder do estado" (Utz, I-61).

4. A segurança processual

Estar alguém em segurança processual, pois, é estar ordenado segundo a lei do processo, com a garantia (objetiva e subjetiva) de "*sa situation ne sera pas modifiée que par des procédures sociétaires, et par consequente regulières, – conformes à la regula – légitimes, – conformes à la lex*" (Delos, p. 41-2).

Observou Arthur Utz que "o direito processual está tipicamente caracterizado pelo objetivo da segurança jurídica" (I-156), razão pela qual as leis do processo devem "formular-se com vistas à prática judicial" (p. 157), e nisso se põe a clave da exigível fidelidade de sua observância: a limitação do estado. Ainda que o juiz, em cada caso, deva buscar a realização do justo material, não pode perder de vista, entretanto, "o sistema do ordenamento considerado como um todo" (*id.*), sistema que consagra a possibilidade tanto de um controle cognoscitivo, quanto institucional das decisões.

Embora possa (e deva) admitir-se o exercício judicial da gnome em quadros excepcionais – ou seja, uma *sanatio ex æquitate* idônea a eliminar algumas flagrantes injustiças materiais (o que corresponde ao clássico aforismo *summumius, summa iniuria*) – e até mesmo caiba legitimar o uso de argumentos analógicos e de interpretações restritivas e ampliativas para superar as lacunas e as imperfeições dos *dicta* legais, não é possível, entretanto, salvaguardar a segurança jurídica (e com ela a justiça) ao permitir-se a desordenação voluntarista dos juízes que se suponham legisladores *ad hoc*.

A segurança jurídico-processual nem sempre se afronta por textos legislativos: o Código brasileiro de processo civil de 2015, cujas deficiências se têm patenteado, tem o mérito de consagrar-se em boa medida à consecução da segurança jurídica, ainda que, em algumas situações, p. ex., a da regra do parágrafo único do art. 52, gere instabilidade, pecando por deficiência, ao não esclarecer, como devido, a hipótese de ações intentadas contra um determinado estado em diversa unidade da federação. Algumas outras vezes, todavia, a segurança no processo é vulnerada de modo fático: *ad exempla*, com o ativismo judicial e com a recusa do direito de defesa e contraditório (o que é flagrante nos processos de autorização judicial para aborto - o já se designou de "alvará para matar" -, em que, de modo rotineiro, não se dá curador especial ao nascituro; este déficit não é da lei: basta ver o que consta do art. 9º do Código de Processo Civil, do art. 2º, *in fine*, do Código Civil, e dos arts. 1º-2 e 4º-1 do Pacto de San José da Costa Rica).

Ao fundo de tudo isso, parece rever-se a tragédia habitual dos positivismos: ontem era o turno de um legislador que se supunha deus, agora dizem alguns estarem de moda juízes que não reconhecem fora de si próprios fonte alguma de obrigação normativa.

BIBLIOGRAFIA

AMERIO, Romano. *Iota unum*. Verona: Fede & Cultura, 2009.

AQUINO, Santo Tomás de. *Suma teológica*. Madri: BAC, 1964.

ARISTÓTELES. *Retórica*. Madri: Cemtro de Estudios Constitucionales, 1990.

_____. *Política*. Madri: Gredos, 1994.

BOTELHO, Afonso. *Da saudade ao saudosismo*. Maia: Instituto de Cultura e Língua Portuguesa, 1990.

CARPEAUX, Otto Maria. *História da literatura ocidental*. São Paulo: Cultura, 2012.

DELOS, J. T. VV. AA. *Le but du droit*: bien commun, justice, sécurité. Paris: Recueil Sirey, 1938.

DROMI, Roberto. *Derecho administrativo*. 12. ed. Buenos Aires - Madri - México: Ciudad Argentina: Hispania Libros, 2009.

ECHAVARRÍA, Martín F. *La praxis de la psicología y sus niveles epistemológicos según Santo Tomás de Aquino*. La Plata: Universidad Católica de La Plata, 2009.

EHRENBERG, Victor. *Seguridad jurídica y seguridad del tráfico*. Tradução castelhana. Madri: Colegio de Registradores de la Propiedad, Mercantiles y Bienes Muebles de España, 2003.

LE FUR, Louis. VV. AA. *Le but du droit:* bien commun, justice, sécurité. Paris: Recueil Sirey, 1938.

LÓPEZ DE OÑATE, Flavio. *La certeza del derecho*. Tradução ao castelhano. Buenos Aires: Ejea, 1953.

RADBRUCH, Gustav. VV. AA. *Le but du droit:* bien commun, justice, sécurité. Paris: Recueil Sirey, 1938.

SCHUSTER, Ignácio; HOLZAMMER, Juan. *Historia* bíblica. Tradução castelhana. Barcelona: Litúrgica Española, 1934.

UTZ, Arthur Fridolin. Ética social. Tradução castelhana. Barcelona: Herder, 1965.

A COISA JULGADA NA AÇÃO POPULAR. BREVES NOTAS

Tasso Duarte de Melo

SUMÁRIO: 1. Introdução - 2. O instituto da coisa julgada no sistema do Código de Processo Civil - 3. Da coisa julgada *erga omnes* nas ações populares - 4. Da coisa julgada *erga omnes secundum eventum litis e in utilibus* - 5. Conclusão.

1. Introdução

Em 2013, um grupo de professores da Faculdade de Direito da Universidade Presbiteriana Mackenzie, com mais alguns outros convidados, publicou obra coletiva denominada *Ação popular*, na qual participei com um breve artigo intitulado "A coisa julgada na ação popular".

Convidado a participar desta coletânea, retomo àquele tema, primeiro para adequá-lo à nova legislação, depois para enfrentá-lo à luz da orientação jurisprudencial do Superior Tribunal de Justiça e do nosso Tribunal de Justiça de São Paulo.

Com aquele artigo se pretendeu discutir a coisa julgada nas ações populares, tendo por certo que a Lei n. 4.717/65 - Lei da Ação Popular -, no art. 18[1], optou pela coisa julgada *erga omnes*, de modo que a sua autoridade e eficácia alcançam pessoas que não partici-

---

1 Lei n. 4.717/65, art. 18. "A sentença terá eficácia de coisa julgada oponível *erga omnes*, exceto no caso de haver sido a ação julgada improcedente por deficiência de prova; neste caso, qualquer cidadão poderá intentar outra ação com idêntico fundamento, valendo-se de nova prova."

param do processo, fugindo, assim, do conceito tradicional do Código de Processo Civil de 1973, então vigente, que, no art. 472[2], limitava a extensão da coisa julgada às partes do processo.

A discussão se balizava por prestigiosa corrente doutrinária que classificava e ainda classifica as ações populares no rol das ações coletivas e, por isso, passou a interpretar o art. 18 da Lei da Ação Popular à luz do art. 16[3] da Lei da Ação Civil Pública e dos arts. 103[4] e 104[5] do CDC, para concluir que onde se lê a expressão "coi-

---

2 CPC/73, art. 472. "A sentença faz coisa julgada às partes entre as quais é dada, não beneficiando, nem prejudicando terceiros. Nas causas relativas ao estado de pessoas, se houverem sido citados no processo, em litisconsórcio necessário, todos os interessados, a sentença produz coisa julgada em relação a terceiros."

3 Lei n. 7.347/85, art. 16. "A sentença civil fará coisa julgada *erga omnes*, nos limites da competência territorial do órgão prolator, exceto se o pedido for julgado improcedente por insuficiência de provas, hipótese em que qualquer legitimado poderá intentar outra ação com idêntico fundamento, valendo-se de nova prova."

4 CDC, art. 103. "Nas ações coletivas de que trata este código, a sentença fará coisa julgada: I - *erga omnes*, exceto se o pedido for julgado improcedente por insuficiência de provas, hipótese em que qualquer legitimado poderá intentar outra ação, com idêntico fundamento, valendo-se de nova prova, na hipótese do inciso I do parágrafo único do art. 81; II - *ultra partes*, mas limitadamente ao grupo, categoria ou classe, salvo improcedência por insuficiência de provas, nos termos do inciso anterior, quando se tratar da hipótese prevista no inciso II do parágrafo único do art. 81; III - *erga omnes*, apenas no caso de procedência do pedido, para beneficiar todas as vítimas e seus sucessores, na hipótese do inciso III do parágrafo único do art. 81. § 1º Os efeitos da coisa julgada previstos nos incisos I e II não prejudicarão interesses e direitos individuais dos integrantes da coletividade, do grupo, categoria ou classe. § 2º Na hipótese prevista no inciso III, em caso de improcedência do pedido, os interessados que não tiverem intervindo no processo como litisconsortes poderão propor ação de indenização a título individual. § 3º Os efeitos da coisa julgada de que cuida o art. 16, combinado com o art. 13 da Lei n. 7.347, de 24 de julho de 1985, não prejudicarão as ações de indenização por danos pessoalmente sofridos, propostas individualmente ou na forma prevista neste Código, mas, se procedente o pedido, beneficiarão as vítimas e seus sucessores, que poderão proceder à liquidação e à execução, nos termos dos arts. 96 a 99. § 4º Aplica-se o disposto no parágrafo anterior à sentença penal condenatória."

5 CDC, art. 104. "As ações coletivas, previstas nos incisos I e II do parágrafo único do art. 81, não induzem litispendência para as ações individuais, mas os efeitos da coisa julgada *erga omnes* ou *ultra partes* a que aludem os incisos II e

sa julgada *erga omnes*", deve-se compreender "coisa julgada *erga omnes secundum eventum litis et in utilibus*"[6].

Para renovar a abordagem do tema, o trabalho reinicia com a definição de coisa julgada no Código de Processo Civil, passando pela distinção de coisa julgada material e formal, bem como das suas limitações objetivas e subjetivas. Em seguida, persegue a definição de coisa julgada *erga omnes* e, por último, *erga omnes secundum eventum litis et in utilibus*.

2. O instituto da coisa julgada no sistema do Código de Processo Civil

O fundamento da coisa julgada constitucional é político[7], sua inserção na Constituição Federal e no Código de Processo Civil se deu como instrumento de preservação do princípio da segurança jurídica das relações sociais.

Em artigo intitulado "As reformas do direito processual civil e o princípio constitucional da segurança jurídica", inserido na obra coletiva *O processo na Constituição*[8], Humberto Theodoro Jr.,

---

III do artigo anterior não beneficiarão os autores das ações individuais, se não for requerida sua suspensão no prazo de trinta dias, a contar da ciência nos autos do ajuizamento da ação coletiva."

6 Nas palavras de Roberto de Aragão Ribeiro Rodrigues, "Importante ressaltar que, há mais de duas décadas, Vittorio Denti já sustentava as vantagens da extensão subjetiva dos efeitos da coisa julgada produzida nas ações coletivas *secundum eventum litis e in utilibus*, ou seja, apenas para beneficiar os membros do grupo substituídos no processo por um legitimado extraordinário, justamente em razão da proteção ao direito constitucional de defesa que tal sistema proporcionava a estes indivíduos." *In:* GRINOVER, Ada Pellegrini *et al.* (orgs.). *Processo coletivo*: do surgimento à atualidade. São Paulo: Revista dos Tribunais, 2014, não paginado.

7 FUX, Luiz. *Curso de direito processual civil*. Rio de Janeiro: Forense, 2005. p. 822: "O *fundamento substancial da coisa julgada* é eminentemente político, posto que o instituto visa à *preservação da estabilidade e segurança sociais*. A imutabilidade da decisão é fator de equilíbrio social na medida em que contendores obtêm a última e decisiva palavra do Judiciário acerca do conflito intersubjetivo. A imperatividade da decisão completa o ciclo necessário de atributos que permitem ao juiz conjurar a controvérsia pela necessária obediência ao que foi decidido."

8 MARTINS, Ives Gandra da Silva; JOBIM, Eduardo (coords.). *O processo na*

amparado pelas lições de J. J. Gomes Canotilho, demonstra, com precisão, a importância da segurança jurídica das relações no sistema constitucional brasileiro e da coisa julgada como seu instrumento:

> O Estado democrático de direito conta com os princípios de 'segurança jurídica' e de 'proteção da confiança' como elementos constitutivos da própria noção de 'Estado de direito'. A partir desta constatação, CANOTILHO ensaia a conceituação do que ele denomina 'princípio geral de segurança jurídica', em seu sentido mais amplo, e que compreende também a ideia de 'proteção da confiança'. (...)

E termina Humberto Theodoro Jr. indicando a existência de duas tendências na doutrina brasileira:

> Há dois sentidos, segundo certos autores, a serem distinguidos no conceito de segurança jurídica: a) a segurança deriva da previsibilidade das decisões que serão adotadas pelos órgãos que terão de aplicar as disposições normativas; b) a segurança que se traduz na estabilidade das relações jurídicas definitivas.

A doutrina pós-Código de Processo Civil de 2015 segue a mesma linha, seja com José Rogério Cruz e Tucci[9], seja com Fredie Didier Jr.[10], sendo aqui representada por Luiz Dellore[11]:

> A coisa julgada surge por força de uma necessidade prática: evitar a perpetuação dos litígios. Ou seja, a justificativa do surgimento da coisa julgada é política, não jurídica. Em determinado momento é necessário colocar um fim, um ponto final, às discussões a respeito de determinado conflito.

Constituição. São Paulo: Quartier Latin, 2008. p. 246-247.

9 CRUZ E TUCCI. José Rogério. *In:* BUENO, Cassio Scarpinella (coord.). *Comentários ao Código de Processo Civil:* arts. 318 a 538 - Parte Especial. São Paulo: Saraiva, 2017. v. 2, p. 479.

10 DIDIER JR., Fredie; BRAGA, Paula Sarno; OLIVEIRA, Rafael Alexandria de. *Curso de direito processual civil*: teoria da prova, direito probatório, decisão, precedente, coisa julgada e tutela provisória. 10. ed. Salvador: JusPodivm, 2015. p. 517.

11 DELLORE, Luiz. *In:* GAJARDONI, Fernando da Fonseca et. al. *Processo de conhecimento e cumprimento de sentença*: comentários ao CPC de 2015. 2. ed. São Paulo: Método, 2018. v. 2, p. 605.

Destarte, só se pode compreender o instituto da coisa julgada como instrumento de estabilidade e segurança das relações jurídicas e, por ser assim, tem-se a primeira premissa deste trabalho: a coisa julgada é instrumento constitucional-processual de aplicação do princípio político-jurídico da segurança e estabilidade das relações jurídicas[12].

Cabe, pois, enfrentar os temas subsequentes: natureza jurídica da coisa julgada e as suas categorias formal e material, bem como seus limites objetivos e subjetivos.

Com o passar do tempo, consolidou-se incontroverso o entendimento de que a natureza jurídica da coisa julgada é de *qualidade* que se agrega à sentença, tornando-a imutável, se e quando contra ela não couber mais qualquer recurso.

Neste sentido, a lição de Ovídio A. Baptista da Silva[13], sobre a natureza jurídica da coisa julgada na visão de Liebman:

> Para LIEBMAN (Eficácia e autoridade da sentença, 46): "A autoridade da coisa julgada não é um efeito da sentença, como postula a doutrina unânime, mas, sim, modo de manifestar-se e produzir-se dos efeitos da própria sentença, algo que a esses se ajunta para qualificá-los e reforçá-los em sentido bem determinado". A coisa julgada material seria, para ele, uma qualidade especial que aos efeitos vem ajuntar-se, a partir de um dado momento, de modo a torná-los indiscutíveis num futuro processo, pois "somente uma razão de utilidade política

---

12 No mesmo sentido: BUENO, Cassio Scarpinella. *Curso sistematizado de direito processual civil.* São Paulo: Saraiva, 2007. t. I, v. 2, p. 382: "À luz do 'modelo constitucional do direito processual civil', a coisa julgada é expressamente garantida como 'direito fundamental' no art. 5.º, XXXVI, da Constituição Federal (v. n. 5 do Capítulo I da Parte II do vol. I). Trata-se, nesta ampla perspectiva do instituto, mais ainda quando o referido dispositivo refere-se concomitantemente ao 'direito adquirido' e ao 'ato jurídico perfeito', de uma técnica adotada pela lei de garantir *estabilidade* a determinadas manifestações do Estado-juiz, pondo-se a salvo inclusive dos efeitos de novas leis que, por qualquer razão, pudessem pretender eliminar aquelas decisões ou, quando menos, seus efeitos, e, neste sentido, é uma forma de garantir maior *segurança jurídica* aos jurisdicionados."

13 SILVA, Ovídio Araújo Baptista da. *Curso de processo civil.* 4. ed. São Paulo: Revista dos Tribunais, 1998. v. 1, p. 496. No mesmo sentido: GRECO FILHO, Vicente. *Direito processual civil brasileiro.* 13. ed. São Paulo: Saraiva, 1999. v. 2, p. 246.

> e social" (pág. 53) seria capaz de evitar as futuras discussões sobre aquilo que o juiz houvesse julgado no primeiro processo, impondo que o comando jurídico expresso na sentença se torne imutável: "Nisto consiste, pois, a autoridade da coisa julgada, que se pode definir, com precisão, como a imutabilidade do comando emergente de uma sentença. Não se identifica ela simplesmente com a definitividade e intangibilidade do ato que pronuncia o comando: é pelo contrário, uma qualidade mais intensa e mais profunda, que reveste o ato também em seu conteúdo e torna assim imutáveis, além do ato em sua existência formal, os efeitos, quaisquer que sejam, do próprio ato" (p. 54).

Ao comentar o art. 502[14] do Código de Processo Civil de 2015, José Maria Tesheiner[15] noticia apenas a alteração do texto legal para adequá-lo ao entendimento doutrinário e jurisprudencial dominante, como já se noticiava acima: "Houve também a substituição da palavra 'eficácia', por 'autoridade', em atenção a lição de Liebman, em sua conhecida obra 'Eficácia e autoridade da sentença'. Com isso, porém, não se alterou o sentido da norma, que apenas recebeu expressão mais técnica e precisa".

No que toca à distinção entre coisa julgada material e formal, trata-se do mesmo fenômeno: a imutabilidade da sentença, em níveis distintos.

Dizia-se, na lição de Cândido Rangel Dinamarco[16], que se operava a coisa julgada formal:

> Quando a sentença se limita a decidir sobre o processo, extinguindo-o sem julgamento de mérito, sua imutabilidade é fenômeno puramente processual, inerente e interno ao processo que se extingue, sem repercussões na vida das pessoas em suas relações exteriores a ele: simplesmente, aquele processo deixa de existir e provavelmente as partes ainda poderão voltar a

---

14 CPC/2015, art. 502. "Denomina-se coisa julgada material a autoridade que torna imutável e indiscutível a decisão de mérito não mais sujeita a recurso."

15 STRECK, Lenio Luiz; NUNES, Dierle; CUNHA, Leonardo Carneiro da (orgs.). *Comentários ao Código de Processo Civil*: de acordo com a Lei n. 13.256/2016. São Paulo: Saraiva, 2016. p. 715.

16 DINAMARCO, Cândido Rangel. *Instituições de direito processual civil*. São Paulo: Malheiros, 2001. v. III, p. 296.

juízo, com o mesmo conflito a ser apreciado pelo juiz (art. 268 - supra, n. 879).

E, dizia-se, na lição daquele mesmo processualista, que se operava a coisa julgada material:

> Quando ela contém a decisão do mérito e assim projeta efeitos para fora do processo e sobre a vida das pessoas, já não se cuida apenas de preservá-la contra possíveis questionamentos no processo em que foi proferida, mas também de preservar os seus efeitos - de modo que o julgamento daquela pretensão, entre aquelas pessoas e por aquele fundamento fique perenemente imunizado e assim se implante uma situação de segurança quanto aos direitos, obrigações e deveres dos litigantes.

As mais recentes lições doutrinárias dão conta da manutenção dos conceitos, o que subscrevo mais uma vez amparado na lição de José Roberto Cruz e Tucci[17]:

> Escudado em abalizada doutrina, Sérgio Porto, escreve que a expressão coisa julgada formal traduz-se na impossibilidade de novo julgamento pelas vias recursais, seja porque já foi proferido por tribunal superior, seja porque transcorreu o prazo sem que o vencido interpusesse recurso, ou ainda porque se verificou a renúncia ou desistência da impugnação interposta.
>
> Tendo como pressuposto lógico a preclusão recursal (coisa julgada formal), a coisa julgada material, a seu turno caracteriza-se pela imutabilidade do conteúdo decisório da sentença de mérito, tornando-o imutável e indiscutível aos litigantes a quem foi possibilitada a participação no contraditório.
>
> Na redação do novo art. 502, a coisa julgada material é, sob a vertente técnica, "a autoridade que torna imutável e indiscutível a decisão de mérito não mais sujeita a recurso".

No passo das lições transcritas, imperativo distinguir quais partes da sentença se tornam imutáveis e em face de quem se opera essa imutabilidade. Cabe, pois, a definição legal dos limites objetivos e subjetivos da coisa julgada material.

---

17 Idem, p. 481.

Os limites objetivos da coisa julgada material se encontravam regulamentados nos arts. 468[18], 469[19] e 470[20] do Código de Processo Civil de 1973. Ensinava Marcus Vinicius Rios Gonçalves[21] que o tema deveria ser enfrentado, preferencialmente, à vista da expressão da lei, de tal sorte que:

> De acordo com o art. 486 do CPC, a sentença tem força de lei, isto é, faz coisa julgada material, nos limites da lide e das questões decididas. Esse dispositivo é de suma importância para delinear os contornos da coisa julgada material como pressuposto processual negativo da resolução de mérito. Ele impede a propositura de demanda idêntica, com os mesmos elementos da anterior: partes, pedido e causa de pedir. (...)

Todavia, a completa delimitação do limite objetivo da coisa julgada material se alcançava pelo dispositivo da sentença, como propunha Cassio Scarpinella Bueno[22]:

> (...) O que transita em julgado, é dizer, o que faz coisa julgada e torna-se 'imutável' é a parte 'dispositiva' da decisão - o 'comando da decisão', isto é, aquilo que o Estado-juiz determina 'deva-ser' - e não sua fundamentação, isto é, as razões de decidir (...)

Aquelas disposições foram recepcionadas pelo Código de Processo Civil de 2015, nos arts. 502[23] e 503[24], com algumas importan-

---

18 CPC/73, art. 468. "A sentença, que julgar total ou parcialmente a lide, tem força de lei nos limites da lide e das questões decididas."

19 CPC/73, art. 469. "Não fazem coisa julgada: I - os motivos, ainda que importantes para determinar o alcance da parte dispositiva da sentença; II - a verdade dos fatos, estabelecida como fundamento da sentença; III - a apreciação da questão prejudicial, decidida incidentemente no processo."

20 CPC/73, art. 470. "Faz, todavia, coisa julgada a resolução da questão prejudicial, se a parte o requerer (arts. 5º e 325), o juiz for competente em razão da matéria e constituir pressuposto necessário para o julgamento da lide."

21 GONÇALVES, Marcus Vinicius Rios. *Novo curso de direito processual civil.* 3. ed. São Paulo: Saraiva, 2007, v. 2, p. 27.

22 BUENO, Cassio Scarpinella. *Curso sistematizado de direito processual civil.* Op. cit., p. 388.

23 CPC/2015, art. 502. "Denomina-se coisa julgada material a autoridade que torna imutável e indiscutível a decisão de mérito não mais sujeita a recurso."

24 CPC/2015, art. 503. "A decisão que julgar total ou parcialmente o mérito

tes alterações, tais como a possibilidade de transitar em julgado tanto a sentença de mérito, como a decisão parcial de mérito e a questão prejudicial, de modo que o sistema passa a admitir, por vezes, "duas coisas julgadas" ou, na linguagem mais recente, "a coisa julgada progressiva":

> Estabelecida essa premissa, anote-se que o conceito de decisão interlocutória que versa sobre 'mérito do processo' é composto por conceito jurídico indeterminado que, sobretudo após a entrada em vigor do CPC/2015, precisa ser objeto de profundas e renovadas reflexões, notadamente, em primeiro lugar, porque a nova legislação processual civil incorpora ao direito positivo, de modo expresso, a possibilidade de serem proferidas decisões parciais de mérito.
>
> Como se assentou em recente precedente desta 3ª Turma, o CPC/2015 'passou a reconhecer, expressamente, o fenômeno segundo o qual pedidos ou parcelas de pedidos podem amadurecer em momentos processuais distintos, seja em razão de inexistir controvérsia sobre a questão, seja em virtude da desnecessidade de dilação probatória para resolução daquela matéria', a fim de que 'que tais questões possam ser solucionadas antecipadamente, por intermédio de uma decisão parcial de mérito com aptidão para a formação de coisa julgada material' (REsp n. 1.798.975/SP, 3ª Turma, *DJe* 04/04/2019) (REsp. n. 1.702.725/RJ (2017/0260458-1), Relª. Minª. NANCY ANDRIGHI, j. 25/06/2019).

De tudo e com as observações acima, pode-se, ainda, concluir que o princípio constitucional da segurança jurídica das relações implica a criação de um sistema de prestação de tutela jurisdicional que impede que uma questão levada ao Estado-juiz, com o mesmo

---

tem força de lei nos limites da questão principal expressamente decidida. § 1º O disposto no *caput* aplica-se à resolução de questão prejudicial, decidida expressa e incidentemente no processo, se: I – dessa resolução depender o julgamento do mérito; II – a seu respeito tiver havido contraditório prévio e efetivo, não se aplicando no caso de revelia; III – o juízo tiver competência em razão da matéria e da pessoa para resolvê-la como questão principal. § 2º A hipótese do § 1º não se aplica se no processo houver restrições probatórias ou limitações à cognição que impeçam o aprofundamento da análise da questão prejudicial."

pedido e a mesma causa de pedir, depois de decidida e transitada em julgado, possa vir a ser renovada, pois sobre ela recai a qualidade da imutabilidade, denominada pelo sistema processual de coisa julgada material.

Ainda sobre o tema, recente precedente do Superior Tribunal de Justiça, no julgamento do Agravo em Recurso Especial n. 42.204/DF (2011/0209472-8), de relatoria do Ministro NAPOLEÃO NUNES MAIA FILHO, julgado em 27/11/2018, sobre a impossibilidade de rediscutir em sede de ação popular questão já decidida em outras ações populares e em ação civil pública e, portanto, alcançada pela autoridade da coisa julgada - aqui *erga omnes*:

> ADMINISTRATIVO E PROCESSUAL CIVIL. AGRAVOS EM RECURSO ESPECIAL. AÇÃO POPULAR. INSTITUTO CANDANGO DE SOLIDARIEDADE. CONTRATO DE GESTÃO N. 001/1999-DMTU/DF. ALEGAÇÃO DE AUSÊNCIA DE LICITAÇÃO E DE DESVIO DE FINALIDADE DA CONTRATAÇÃO. EXISTÊNCIA DE DEMANDAS ANTERIORES: AÇÃO POPULAR E AÇÃO CIVIL PÚBLICAS JÁ JULGADAS, EM DECISÕES PASSADAS EM JULGADO QUE RECONHECERAM A INEXISTÊNCIA DE TAIS VÍCIOS E A LEGALIDADE DA CONTRATAÇÃO: RESP 952.899/DF, REL. MIN. JOSÉ DELGADO, *DJE* 23.6.2008 E RESP 1.200.620/DF, REL. MIN. BENEDITO GONÇALVES, *DJE* 11.12.2012. **APLICAÇÃO DO ART. 18 DA LEI DA AÇÃO POPULAR. COISA JULGADA OPONÍVEL** ERGA OMNES. PREVALÊNCIA DA SEGURANÇA JURÍDICA. AGRAVOS EM RECURSO ESPECIAL CONHECIDOS PARA DAR PROVIMENTO AO APELO RARO DO DISTRITO FEDERAL E AO DO DFTRANS, RECONHECENDO-SE **A OCORRÊNCIA DA COISA JULGADA** ERGA OMNES **NOS TERMOS DO ART. 18 DA LEI n. 4.717/1965**. PREJUDICADO O APELO RARO DA PARTICULAR, TENDO-SE POR SUPERADA A SUA ALEGAÇÃO DE SER PARTE ILEGÍTIMA.
> (...)
>
> 2. O presente caso veicula Apelos Raros contra o venerando acórdão do TJDFT que julgou procedente Ação Popular para anular o Contrato de Gestão no. 001/1999-DMTU/DF, pelo qual o DMTU/DF contratou o Instituto Candango de Solidariedade--ICS, o que os autores populares reputavam ilegal, porquanto houve dispensa de licitação e teria havido desvio de finalidade, pois a prestação dos serviços acabou por impedir a nomeação de candidatos aprovados em Concurso Público.

> 3. Ocorre que já houve duas demandas anteriores, sobre o mesmo fato, já passadas em julgado, sendo uma Ação Popular (REsp. 952.899/DF, Rel. Min. JOSÉ DELGADO, *DJe* 23.6.2008) e a outra, Ação Civil Pública (REsp. 1.200.620/DF, Rel. Min. BENEDITO GONÇALVES, *DJe* 11.12.2012), ambas calcadas nas mesmas alegações: ausência de licitação e desvio de finalidade; nos dois casos julgou-se correta a contratação em referência, devendo o Judiciário, em respeito à segurança jurídica, manter a mesma resposta.
>
> 4. Ademais, na presente hipótese, dada a existência de Ação Popular e Ação Civil Pública anteriores já passadas em julgado pela improcedência de mérito, incide o disposto no art. 18 da Lei da Ação Popular, o qual prevê que tais comandos judiciais impliquem em coisa julgada *erga omnes*. (...) (grifo nosso).

Já os limites subjetivos eram estabelecidos pelo art. 472 do Código de Processo Civil de 1973, de modo que, em linhas gerais, a imutabilidade da coisa julgada só alcançava os sujeitos parciais do processo, ou seja, aqueles que participaram da relação jurídica processual, com vistas à tutela de um direito subjetivo individual alegado, que por sua vez foi objeto de decisão na parte dispositiva da sentença.

A razão desse dispositivo também se encontrava no princípio constitucional processual do devido processo legal, segundo lição de Marcus Vinicius Rios Gonçalves[25]:

> (...) São atingidos, portanto, os autores, os réus, os denunciados, os chamados ao processo, os oponentes e os nomeados que tenham sido admitidos. Não o são os terceiros que não participaram do processo e, por isso, não tiveram oportunidade de manifestar-se, de defender-se ou de expor suas razões. Se fossem atingidos pela coisa julgada, haveria ofensa à garantia constitucional do contraditório e do devido processo legal. (...)

Intuitivo, no regime anterior, que a jurisdição civil tutelava direitos individuais e, portanto, que as pessoas só podem demandar a proteção de direitos de sua titularidade, dos quais ninguém pode ser privado sem que lhe seja garantida a ampla defesa em contra-

---

25 GONÇALVES, Marcus Vinicius Rios. *Novo curso de direito processual civil.*, op. cit., p. 28.

ditório (CF, art. 5º, LIV[26] e LV[27]) e, por ser assim, a autoridade da coisa julgada que se agrega à sentença, tornando-a indiscutível e imutável, não afetava a esfera de direitos daqueles que não foram parte no processo, ou na lição de Humberto Theodoro Júnior[28]:

> Não quer dizer isto que os estranhos possam ignorar a coisa julgada. 'Como todo ato jurídico relativamente às partes entre as quais intervém, a sentença existe e vale com respeito a todos'. Não é certo, portanto, dizer que a sentença só prevalece ou somente vale entre as partes. O que ocorre é que, apenas a imutabilidade e a indiscutibilidade da sentença não podem prejudicar, nem beneficiar, estranhos ao processo em que foi proferida a decisão transita em julgado.

O tema foi novamente tratado no atual Código de Processo Civil, desta feita no art. 506[29], que, neste ponto, seguiu a linha geral do sistema anterior, com algumas modificações, a principal delas, no interesse deste trabalho, manter a impossibilidade da autoridade da coisa julgada se estender para prejudicar terceiros, mas admitir que ela possa se expandir para beneficiar, conclusão que a doutrina extrai da supressão da expressão "não beneficiando, nem prejudicando terceiro" do antigo art. 472, para a redação enxuta do art. 506: "não prejudicando terceiro".

Neste sentir a doutrina de Fredie Didier Jr.:

> Em nosso sistema, esta é a regra geral, consagrada no art. 506, CPC. Este dispositivo do CPC inspirou-se nas garantias constitucionais da inafastabilidade da jurisdição, do devido processo legal, do contraditório e da ampla defesa (art. 5º, XXXV, LIV e LV, CF). Isso porque, segundo o espírito do sistema processual brasileiro, ninguém poderá ser atingido pelos efeitos de uma

---

26 CF, art. 5º, LIV. "ninguém será privado da liberdade ou de seus bens sem o devido processo legal;"

27 CF, art. 5º, LV. "aos litigantes, em processo judicial ou administrativo, e aos acusados em geral são assegurados o contraditório e ampla defesa, com os meios e recursos a ela inerentes;"

28 THEODORO JUNIOR, Humberto. *Curso de direito processual civil*. 41. ed. Rio de Janeiro: Forense, 2004. v. I., p. 499.

29 CPC/2015, art. 506. "A sentença faz coisa julgada às partes entre as quais é dada, não prejudicando terceiros."

> decisão jurisdicional transitada em julgada, sem que se lhe tenha sido garantido o acesso à justiça, com um processo devido, onde se oportunize a participação em contraditório.
>
> O CPC alterou o CPC-1973, para não excluir a extensão benéfica da coisa julgada a terceiros. O CPC-1973 determinava que a coisa julgada não prejudicasse nem beneficiasse terceiros; o CPC-2015, apenas proíbe que ela os prejudique. Mudança bem oportuna.

Tem-se, assim, que depois do trânsito em julgado da sentença, os sujeitos do processo em que ela foi proferida não podem mais se opor ao cumprimento do comando que dela exara, salvo as exceções que a lei enumera[30], mas os terceiros em situações excepcionais podem se beneficiar da autoridade da coisa julgada.

Aqui, anoto mais um precedente recente do Superior Tribunal de Justiça, no julgamento do Recurso Especial n. 1.421.034/RS (2013/0199965-2), de relatoria do Ministro Luis Felipe Salomão, que admitiu a hipótese de extensão da autoridade da coisa julgada para beneficiar terceiros, mas condicionando a incidência da nova regra processual aos processos ainda não iniciados:

> RECURSO ESPECIAL. AÇÃO DE INDENIZAÇÃO POR DANOS MORAIS DECORRENTES DA MORTE DE GENITOR EM ACIDENTE DE TRÂNSITO. PREMISSA FÁTICA ADOTADA EM DEMANDA INDENIZATÓRIA ANTECEDENTE. COISA JULGADA. INEXISTÊNCIA.

---

30 MANCUSO, Rodolfo de Camargo. *Ação popular*. 6. ed. São Paulo: Revista dos Tribunais, 2009. p. 381: "Por outras palavras, como o objeto litigioso do processo se restringe às órbitas *de quem pede* e daquele *em face de quem se pede*, segue-se que, no âmbito da jurisdição singular: (*i*) outras pessoas e situações jurídicas não ficam sob a *autoridade da coisa julgada* (podendo, porém, sentir a irradiação dos seus *efeitos*, donde o recurso do *terceiro prejudicado* e os *embargos de terceiro*: CPC, arts. 499 e 1046); (*ii*) o objeto litigioso do processo não tem como estender-se a outras pessoas e situações jurídicas, até mesmo como decorrência do princípio da *singularidade* da jurisdição; (*iii*) a coisa julgada material acaba operando como um fator absolutamente impeditivo de reexame da matéria (*non bis in idem*): *pelas partes* (CPC, art. 267, V), *por outro juiz* (CPC, art. 471: eficácia preclusiva) e *até pelo legislador* (CF, art. 5º, XXXVI), a menos que na ação subsequente sejam *outros* os chamados *tria eadem* (partes, pedido, causa), no cotejo com os elementos da demanda primitiva."

> 1. No Código de Processo Civil de 1973, os limites subjetivos da coisa julgada encontravam-se, expressamente, insertos no art. 472, segundo o qual 'a sentença faz coisa julgada às partes entre as quais é dada, não beneficiando, nem prejudicando terceiros'.
>
> (...)
>
> 4. É certo que, a partir da vigência do CPC de 2015, a coisa julgada pode favorecer terceiros. Contudo, tal regramento somente pode ser aplicado àquelas decisões judiciais de mérito transitadas em julgado sob sua égide, nos termos do art. 14 do novel codex.

Posto o tema sob o prisma do Código de Processo Civil de 2015, ao tratar das ações individuais, passamos a cuidar da questão nas ações populares, aqui vista como uma ação essencialmente coletiva.

3. Da coisa julgada *erga omnes* nas ações populares

Ao tratar da ação popular, o legislador optou por instituir um sistema no qual a sentença, depois do trânsito em julgado, é oponível *erga omnes*, o que, à primeira vista, significa dizer que mesmo aqueles que não foram parte no processo se submetem à sua eficácia e à sua autoridade.

Justifica a opção legislativa o fato de os direitos tutelados nas ações populares serem de natureza transindividual, segundo ensinava Teori Albino Zavascki[31]:

> (...) Não há dúvida, portanto, que a ação popular, ao zelar pela higidez da boa administração do patrimônio pertencente às pessoas de direito público e às entidades direta ou indiretamente controladas pelo Estado, está defendendo não apenas interesses particulares dessas pessoas, mas, sobretudo, os interesses superiores da própria coletividade a que servem. Eis aí plasmada, portanto, a transindividualidade dos interesses tutelados.

Assim, o cidadão, ao manejar a ação popular com vistas à defesa do patrimônio público, age na defesa de direito difuso, defi-

---

31 ZAVASCKI, Teori Albino. *Processo coletivo*: tutela de direitos coletivos e tutela coletiva de direitos. São Paulo: Revista dos Tribunais, 2006. p. 87.

nido no inciso I do parágrafo único do art. 81 do Código de Defesa do Consumidor, como sendo "os transindividuais, de natureza indivisível, de que sejam titulares pessoas indeterminadas e ligadas por circunstâncias de fato".

Essa conclusão se extrai do objeto da ação popular, ou seja, "a anulação ou a declaração de nulidade de atos lesivos ao patrimônio público", sendo este um conjunto de bens indivisíveis, cuja titularidade é indistintamente dos cidadãos brasileiros.

Cândido Rangel Dinamarco[32], que elaborou excelente síntese sobre a declaração de nulidade do ato jurídico administrativo lesivo como objeto da ação popular, ensina que: "Na ação popular o cidadão é erigido em guardião dos interesses comunitários, sendo legitimado a agir em prol da moralidade administrativa em seu significado mais amplo e pela defesa do patrimônio comum".

Cumpre anotar, também, a doutrina de José Afonso da Silva[33], em sentido contrário ao aqui expendido, ou seja, entendendo que o cidadão que ajuíza ação popular demanda a tutela de direito próprio, individual.

Não foi por outra razão que o legislador outorgou a qualquer cidadão brasileiro, desde que no pleno exercício da cidadania, legitimidade para ajuizar ação popular, com vistas à declaração de nulidade ou anulabilidade de ato administrativo lesivo ao patrimônio público e de tal maneira que as sentenças lá proferidas tenham eficácia e autoridade *erga omnes*.

---

32 DINAMARCO, Cândido Rangel. *Fundamentos do processo civil moderno*. 5. ed. São Paulo: Malheiros, 2002. t. I, p. 425.

33 SILVA, José Afonso da. *Ação popular constitucional:* doutrina e processo. 2. ed. São Paulo: Malheiros, 2007. p. 259: "Desse raciocínio, extrai-se a consequência de que o autor popular não é apenas titular do direito de agir, mas é, também, defensor de direito próprio. Tudo isso, como já vimos, demonstra a impossibilidade de considerar-se o autor popular mero substituto processual da coletividade. Também não será substituto processual de cada cidadão individualmente considerado; primeiro, porque falta nexo de interesse entre um e outro, que justifique a substituição, além de que o interesse feito valer em juízo não pertence individualmente a nenhum deles; segundo, porque o interesse do autor popular é o mesmo de cada cidadão, e coincidente, de per si, com o da coletividade".

Todavia, o próprio art. 18 da Lei de Ação Civil Pública[34] excepciona a regra da eficácia *erga omnes* da coisa julgada, se e quando a ação vier a ser julgada improcedente por insuficiência de provas.

A questão é por demais conhecida e, para melhor enfrentá-la, nos socorremos da lição de José Carlos Barbosa Moreira, que se encontra na obra de Rodolfo de Camargo Mancuso[35]:

> Assim resume José Carlos Barbosa Moreira as possibilidades de formação de coisa julgada na ação popular: "a) o pedido é acolhido, e o ato anulado ou declarado nulo. A sentença prevalece em definitivo, perante todos os membros da coletividade; b) o pedido é rejeitado, por inexistência de fundamento para anular o ato ou declará-lo nulo. Também aqui os efeitos produzem-se *erga omnes*, de sorte que a legitimidade do ato já não poderá, por igual fundamento, ser de novo discutida em juízo, ainda que por iniciativa de outro cidadão (*aliter*, se diversa a *causa petendi*); c) o pedido é rejeitado apenas porque insuficiente a prova da irregularidade. A sentença não se reveste da autoridade de coisa julgada no sentido material, e 'qualquer cidadão", como diz o texto - inclusive, portanto, o mesmo que intentara a primeira ação -, fica livre de demandar a anulação ou a declaração de nulidade do ato, invocando embora igual fundamento, e eventualmente obterá êxito, se for convincente a 'nova prova' agora produzida".

No mesmo sentido, ensina Hely Lopes Meirelles[36]:

> É necessário, portanto, distinguir três situações: a) sentença que julga procedente a ação; b) sentença que julga improcedente a ação, por ser infundada; c) sentença que julga improcedente a ação, por deficiência de provas. Nos dois primeiros casos a sentença decide a questão de mérito e, quando definitiva, tem eficácia de coisa julgada, oponível *erga omnes*. Quer dizer, não pode ser admitida outra ação com o mesmo funda-

---

34 Lei n. 7.347/85, art. 18. "A sentença terá eficácia de coisa julgada oponível *erga omnes*, exceto no caso de haver sido julgada improcedente por deficiência de prova; neste caso, qualquer cidadão poderá intentar outra ação com idêntico fundamento, valendo-se de nova prova".

35 MANCUSO, Rodolfo de Camargo. *Ação popular*, op. cit., p. 390-391.

36 MEIRELLES, Hely Lopes. *Mandado de segurança e ações constitucionais*. 32. ed. São Paulo: Malheiros, 2009. p. 200.

> mento e objeto, ainda que proposta por outro cidadão. Se for proposta, pode o réu arguir a exceção de coisa julgada. Mas, se a sentença julgou improcedente a ação por deficiência da prova, não decidiu a questão de mérito, por isso não terá eficácia de coisa julgada, podendo ser intentada outra ação com o mesmo fundamento, desde que sejam indicadas novas provas. Significa apenas que o julgamento de deficiência da prova é que se tornou coisa julgada, tanto que, se não forem indicadas novas provas, o réu poderá pedir a declaração de carência da ação, arguindo a impossibilidade de propor-se outra demanda com o mesmo fundamento e as mesmas provas.

Pode-se concluir que as sentenças proferidas nas ações populares, depois de transitadas em julgado, são oponíveis a todos (*erga omnes*) se e quando as ações forem julgadas procedentes ou improcedentes, salvo a hipótese de elas virem a ser julgadas improcedentes por insuficiência de provas, quando qualquer cidadão, inclusive o autor da ação original, poderá ajuizar nova ação popular, desde que o faça amparado em novas provas.

4. Da coisa julgada *erga omnes secundum eventum litis* e *in utilibus*

Com o advento da Lei da Ação Civil Pública e do Código de Defesa do Consumidor, o nosso sistema jurídico foi enriquecido com dois diplomas legais que cuidam da tutela dos direitos difusos material e processualmente e, para tanto, definem direitos difusos e coletivos; regulamentam o exercício das ações coletivas, especificando alguns pontos relevantes, tais como a legitimidade para ajuizar aquelas ações e a extensão da coisa julgada das sentenças lá proferidas.

Pois bem, com a vigência do art. 21 da Lei da Ação Civil Pública e do art. 81, I, do CDC, parte significativa da doutrina passou a interpretar o art. 18 da Lei da Ação Popular à luz desses dispositivos.

Dessa interpretação extensiva, alguns autores chegam à conclusão que a eficácia *erga omnes* das sentenças se opera *secundum eventum litis*, ou seja, apenas em algumas hipóteses legais e *in utilibus*, de forma que ela só atingirá o cidadão que não participou da relação jurídica para lhe beneficiar.

Neste passo, a precisa lição de Antônio Gidi[37]:

> 1. Não parece haver séria dúvida de que a ação popular é uma ação coletiva em defesa de um direito difuso. Exatamente aquele direito transindividual e indivisível, cujo titular é uma comunidade de pessoas indeterminadas ligadas por circunstâncias de fato de que nos fala o inc. I do parágrafo único do art. 81 do CDC.
>
> Em sendo ação tipicamente coletiva, aplica-se à ação popular o regime jurídico-processual coletivo do CDC e da LACP no que for cabível. E isso em face do que preceitua o art. 21 da LACP (acrescentado pelo art. 117 do CDC).
>
> Se a violação desse direito difuso da comunidade à moralidade administrativa acarretar concomitantemente a violação a direitos individuais (homogêneos ou não), a apuração, em juízo, de ambas as lesões será independente.
>
> De modo que, em sendo a ação popular julgada improcedente após instrução suficiente, os efeitos erga omnes da coisa julgada não poderão prejudicar os direitos individuais (homogêneos ou não) divisíveis dos integrantes da comunidade (CDC, 103, § 1º). Ao contrário, se a ação popular for julgada procedente, os efeitos benéficos da imutabilidade do comando da sentença deverão favorecer a esfera individual de cada prejudicado (CDC, art. 103, I).

Note-se que não se trata de opinião isolada, pois na mesma direção segue prestigiosa doutrina de Luiz Fux[38] e de Teori Albino Zavascki[39], que segue transcrita:

---

37 GIDI, Antônio. Disciplina da coisa julgada na ação popular. *Revista Ciência Jurídica*, n. 77, set./out. 1997.

38 FUX, Luiz. *Curso de direito processual civil*, op. cit., p. 835: "Atual e elegante questão põe-se no âmbito dos 'direitos supra-individuais', assim considerados *os difusos, os interesses coletivos* e *os individuais homogêneos*. A indeterminação dos sujeitos beneficiários ou prejudicados com a decisão judicial, nesse campo dos direitos difusos, conduziu a doutrina, durante largos anos, a preconizar a denominada 'coisa julgada *secundum eventum litis*'. Consoante esta linha de pensamento, a coisa julgada atingiria a todos quantos se encartassem na esfera do interesse difuso, julgado procedente ou improcedente o pedido, superando-se o risco de eventuais conluios entre o autor da ação e o réu através da fiscalização do Ministério Público que, malgrado carecedor de legitimação ordinária para iniciar a ação, podia retomá-la na hipótese de 'desistência'. Essa técnica

> O regime da coisa julgada é peculiar à natureza do direito tutelado (direito transindividual) e à circunstância de ter sido defendido em juízo por substituto processual. (...) Com tal regime (*secundum eventum litis*), põe-se o bem jurídico tutelado (que pertence a toda a coletividade) a salvo da atuação deficiente do substituto processual (autor da ação), que, por desídia, má-fé ou colusão, pode eventualmente ter favorecido o concorrido para o juízo de improcedência.

A essas prestigiadas posições doutrinárias se contrapõe José Afonso da Silva, ao admitir que a ação popular, por vezes e excepcionalmente, viabiliza a tutela de direitos transindividuais, mas que o autor da ação popular exerce um mandato popular e, por isso, a questão deve ser vista não pelo prisma dos limites subjetivos da coisa julgada, mas sim pelo prisma dos limites objetivos.

O brilhante constitucionalista sustenta que, independentemente de a ação ter por objeto a tutela de direito individual ou difuso, ou ambos, no momento em que a pretensão é deduzida em juízo por quem a lei outorgou regular representação (qualquer cidadão no exercício pleno da cidadania), formulando pedido certo e determinado (anulação de ato lesivo ao patrimônio público), amparado em uma específica causa de pedir (qualquer das hipóteses relacionadas nos arts. 2º, 3º e 4º da Lei da Ação Civil Pública), depois do trânsito em julgado da sentença proferida, ou seja, de resolvida a lide, nenhum outro cidadão poderá deduzir o mesmo pedido, com a mesma causa de pedir, sob pena de violar o instituto da coisa julgada *erga omnes*, instituída pelo art. 18 da Lei da Ação Popular. Cumpre transcrever:

---

cognominada de limites subjetivos *erga omnes* era aplicável independentemente do resultado da demanda, salvo a improcedência por *carência de provas*, hipótese em que o legislador conferia oportunidade a outrem para que, através de nova propositura, eventualmente recolhesse melhor resultado. A isso é que convencionou denominar coisa julgada *secundum eventum litis*. Essa técnica processual foi utilizada largamente no *nosso protótipo de ação difusa, a ação popular*, transmitindo-se para as ações coletivas que advieram com o Código do Consumidor, o Estatuto da Criança e do Adolescente e a Lei da Ação Civil Pública".

39 ZAVASCKI, Teori Albino. *Processo coletivo:* tutela de direitos coletivos e tutela coletiva de direitos, op. cit., p. 102.

> (...) sustentamos que o autor popular ingressa em juízo na defesa de direito próprio, embora o interesse defendido seja *ut universis*, de toda a comunidade. Todos os cidadãos dessa comunidade são titulares do mesmo direito de ir a juízo, mediante a demanda popular, para defender a probidade administrativa. Esse direito em tese, no entanto, se concretiza e se específica, quando um ou mais dos titulares do direito propõe a ação popular. Nesse caso, a *res iudicium deducta* é a mesma que poderia ser apresentada por todos os cidadãos, tanto que, em princípio, todos eles poderiam integrar a relação processual concreta decorrente do ajuizamento da ação. Por outro lado, o autor popular, defendendo direito seu, ao mesmo tempo, assume a qualidade de defensor do direito dos demais cidadãos e o interesse geral da comunidade. Ora, o julgamento da demanda, no caso, significa que o Estado, naquele caso concreto, relativamente àquela *res*, já concedeu a prestação jurisdicional. A lide, com suas circunstâncias objetivas e subjetivas, ficou decidida - completa e definitivamente decidida - com a coisa julgada. Isso basta para explicar a extensão *erga omnes* da eficácia e autoridade da sentença que resolve a lide popular, nos limites previstos no art. 18 da Lei n. 4.717/1965.[40]

Faço coro com a lição do professor José Afonso da Silva, agregando os argumentos do professor Cândido Rangel Dinamarco[41]:

> O fundamental eixo substancial em torno de que gira todo o instituto da ação popular e gravitam as regras que a disciplinam é o concreto caráter lesivo do ato impugnado. Tal é a *ratio* da concepção e garantia desse remédio integrante da chamada jurisdição constitucional e tal é o ponto central da legitimidade política da faculdade de demandar a remoção, por via judiciária, da eficácia de atos ilegítimos dos agentes públicos. (...)

No mesmo diapasão, se o pedido formulado na ação popular é sempre o de nulidade ou anulabilidade de atos lesivos ao patrimônio público, em razão da configuração de uma das hipóteses legalmente estabelecidas, a demanda invariavelmente terá como

---

40 SILVA, José Afonso da. *Ação popular constitucional*: doutrina e processo, op. cit., p. 260.

41 DINAMARCO, Cândido Rangel. *Instituições de direito processual civil*, op. cit., p. 424, nota 17.

pano de fundo a tutela de direitos difusos, que não se confundem com os direitos individuais; e estes sempre estarão a salvo, não em razão da interpretação extensiva que a prestigiosa doutrina pretende lhes emprestar, mas pela aplicação simples dos arts. 503[42] e 504[43] do Código de Processo Civil, como visto no tópico 2 deste trabalho.

Note-se que todo o desenvolvimento do raciocínio lógico para defesa da coisa julgada *erga omnes secundum eventum litis* e *in utilibus* tem como fundamento a defesa de direitos individuais, ou melhor, a defesa da esfera patrimonial do cidadão que não participou da ação popular. Ocorre que esse patrimônio não é e nem pode ser objeto de tutela nas ações populares e, por ser assim, a extensão da autoridade da coisa julgada não lhe alcança, não em razão dos seus limites subjetivos, mas em razão dos seus limites objetivos, pois a pretensão de tutela individual (patrimônio individual) não se confunde com a tutela do patrimônio público (tutela de direitos difusos).

5. Conclusão

Por derradeiro, pode-se concluir que o art. 18 da Lei da Ação Popular não admite interpretação extensiva. Assim, se a ação vier a ser julgada procedente ou se vier a ser julgada improcedente por falta de fundamento, depois de transitada em julgado, a ela se agrega a autoridade de coisa julgada, aqui na modalidade *erga omnes*, sendo vedado a qualquer cidadão deduzir em juízo o mesmo pedido

---

42 CPC/2015, art. 503. "A decisão que julgar total ou parcialmente o mérito tem força de lei nos limites da questão principal expressamente decidida. § 1º O disposto no *caput* aplica-se à resolução de questão prejudicial, decidida expressa e incidentemente no processo, se: I - dessa resolução depender o julgamento do mérito; II - a seu respeito tiver havido contraditório prévio e efetivo, não se aplicando no caso de revelia; III - o juízo tiver competência em razão da matéria e da pessoa para resolvê-la como questão principal. § 2º A hipótese do § 1º não se aplica se no processo houver restrições probatórias ou limitações à cognição que impeçam o aprofundamento da análise da questão prejudicial".

43 CPC/2015, art. 504. "Não fazem coisa julgada: I - os motivos, ainda que importantes para determinar o alcance da parte dispositiva da sentença; II - a verdade dos fatos, estabelecida como fundamento da sentença."

com a mesma causa de pedir, prestigiando-se o princípio constitucional da segurança das relações jurídicas, do qual o instituto da coisa julgada é instrumento.

BIBLIOGRAFIA

BUENO, Cassio Scarpinella (coord.). *Comentários ao Código de Processo Civil*: arts. 318 a 538 - Parte Especial. v. 2. São Paulo: Saraiva, 2017.

______________. *Comentários ao Código de Processo Civil*: arts. 926 a 1.072 - Parte Especial. v. 4. São Paulo: Saraiva, 2017.

BUENO, Cassio Scarpinella. *Curso sistematizado de direito processual civil*. São Paulo: Saraiva, 2007. t. I, v. 2.

CÂMARA, Helder Moroni (coord.). *Código de Processo Civil comentado*. São Paulo: Almedina, 2016.

DIDIER JR., Fredie; BRAGA, Paula Sarno; OLIVEIRA, Rafael Alexandria de. *Curso de direito processual civil*: teoria da prova, direito probatório, decisão, precedente, coisa julgada e tutela provisória. 10. ed. Salvador: JusPodivm, 2015.

DINAMARCO, Cândido Rangel. *Fundamentos do processo civil moderno*. 5. ed. São Paulo: Malheiros, 2002.

______________. *Instituições de direito processual civil*. São Paulo: Malheiros, 2001. v. III.

FUX, Luiz. *Curso de direito processual civil*. Rio de Janeiro: Forense, 2005.

GAJARDONI, Fernando da Fonseca *et. al*. *Processo de conhecimento e cumprimento de sentença*: comentários ao CPC de 2015. 2. ed. São Paulo: Método, 2018.

GIDI, Antônio. Disciplina da coisa julgada na ação popular. *Revista Ciência Jurídica*, n. 77, set./out. 1997.

GONÇALVES, Marcus Vinicius Rios. *Novo curso de direito processual civil*. 3. ed. São Paulo: Saraiva, 2007.

GRECO FILHO, Vicente. *Direito processual civil brasileiro*. 13. ed. São Paulo: Saraiva, 1999.

GRINOVER, Ada Pellegrini *et al*. (orgs.). *Processo coletivo*: do surgimento à atualidade. São Paulo: Revista dos Tribunais, 2014.

MANCUSO, Rodolfo de Camargo. *Ação popular*. 6. ed. São Paulo: Revista dos Tribunais, 2009.

MARTINS, Ives Gandra da Silva; JOBIM, Eduardo (coords.). *O processo na Constituição*. São Paulo: Quartier Latin, 2008.

MEIRELLES, Hely Lopes. *Mandado de segurança e ações constitucionais*. 32. ed. São Paulo: Malheiros, 2009.

MESSA, Ana Flávia; FRANCISCO, José Carlos (coords.). *Ação popular*. São Paulo: Saraiva, 2013.

SILVA, José Afonso da. *Ação popular constitucional: doutrina e processo*. 2. ed. São Paulo: Malheiros, 2007.

SILVA, Ovídio Araújo Baptista da. *Curso de processo civil*. 4. ed. São Paulo: Revista dos Tribunais, 1998.

STRECK, Lenio Luiz; NUNES, Dierle; CUNHA, Leonardo Carneiro da (orgs.). *Comentários ao Código de Processo Civil*: de acordo com a Lei n. 13.256/2016. São Paulo: Saraiva, 2016.

THEODORO JUNIOR, Humberto. *Curso de direito processual civil*. 41. ed. Rio de Janeiro: Forense, 2004.

WAMBIER, Teresa Arruda Alvim *et. al*. *Primeiros comentários ao novo Código de Processo Civil:* artigo por artigo. São Paulo: Revista dos Tribunais, 2015.

ZAVASCKI, Teori Albino. *Processo coletivo:* tutela de direitos coletivos e tutela coletiva de direitos. São Paulo: Revista dos Tribunais, 2006.

A COMPETÊNCIA EM AÇÕES AJUIZADAS CONTRA ESTADO OU O DISTRITO FEDERAL

(Aspectos práticos e inteligência do art. 52, parágrafo único, do CPC)

Vicente de Abreu Amadei

SUMÁRIO: 1. Introdução - 2. O amplo alcance da norma processual em exame, por sua exegese gramatical - 3. As dificuldades - 4. A interpretação histórica, sistemática, lógica e teleológica da norma - 5. Concluindo: a necessidade de prevalência da interpretação restritiva.

1. Introdução

Sem norma correspondente no CPC/73, o atual CPC/2015 prescreveu no art. 52, parágrafo único, regra específica de competência para as ações em que Estado ou o Distrito Federal for o demandado, facultando sua propositura no domicílio do autor, no de ocorrência do ato ou fato que originou a demanda, no de situação da coisa ou na capital do respectivo ente federado.

Afirma-se que essa norma, pertinente à competência concorrente, de feição territorial e, portanto, relativa[1], bem como *ratione personae*, tem sua justificação no tratamento isonômico, a partir da disciplina equivalente conferida às ações em que a União for demandada (art. 51, parágrafo único, do CPC/2015)[2].

---

1 STJ, REsp. 1.756.292/PE, Rel. Min. Herman Benjamin, j. 11/12/2018; AgInt n. CC 157.479/SE, Relª. Minª. Regina Helena Costa, j. 28/11/2018.

2 NERY JR. e NERY, 2018, p. 405.

Contudo, as situações que envolvem as causas contra a União e as causas contra Estado ou o Distrito Federal, a rigor, apresentam significativas distinções, que exigem reflexão de aguda densidade, ante a pluralidade de dificuldades que a aplicação automática, por exegese meramente gramatical da norma do art. 52, parágrafo único, do CPC - alheia à interpretação histórica, sistemática, lógica e finalística - pode gerar.

Esse, pois, é o escopo deste breve estudo, que, para melhor compreensão, está segregado em quatro capítulos: primeiro, considerando o amplo alcance da norma processual, por sua exegese meramente gramatical; segundo, apontando algumas dificuldades daí decorrentes, considerando os diversos ângulos de análise casuística da matéria; terceiro, atento, para além da exegese gramatical, aos métodos histórico, sistemático, lógico e teleológico de hermenêutica, aplicados à regra de competência em foco, com vista a melhor compreensão de seu sentido e alcance; quarto (e conclusivamente), extraindo da norma assim examinada, qual é o resultado da interpretação, quanto à sua extensão, que deve, com razoabilidade, prevalecer.

2. O amplo alcance da norma processual em exame, por sua exegese gramatical

As normas insertas no art. 52, *caput* e parágrafo único, enunciam seus comandos com a seguinte redação gramatical:

> **Art. 52.** É competente o foro de domicílio do réu para as causas em que seja autor Estado ou o Distrito Federal.
>
> **Parágrafo único.** Se Estado ou o Distrito Federal for o demandado, a ação poderá ser proposta no foro de domicílio do autor, no de ocorrência do ato ou fato que originou a demanda, no de situação da coisa ou na capital do respectivo ente federado.

Considerando o teor da norma (art. 52, parágrafo único, do CPC), por sua letra ou redação, há quadro alternativo (*"ou"*) de escolhas facultadas (*"poderá"*) ao autor, para o ajuizamento de ação contra Estado ou o Distrito Federal, dentre elas podendo optar pelo foro de seu domicílio.

Outrossim, exceção ao limite topológico da norma (Título III, do Livro II, da Parte Geral, do CPC), a circunscrever a matéria no âmbito da "competência interna", não há outra limitação, condição ou especificação; assim, a interpretação meramente gramatical e isolada dessa norma aponta, no âmbito da competência interna, para a propositura de toda espécie de "ação" em todo e qualquer "foro", desde que ele seja o "do domicílio do autor".

Partindo, então, dessa premissa, é possível, a princípio, justificar a propositura de todo tipo de ação ajuizada contra determinado Estado não só em qualquer dos foros das Comarcas de seu território, mas também em qualquer dos foros das Comarcas de qualquer um dos demais Estados do Brasil.

Assim, por exemplo, possível ao autor domiciliado em Pacaraima (RR) demandar o Estado do Rio Grande do Sul no foro de Pacaraima (RR); ao autor domiciliado em Marechal Thaumaturgo (AC) demandar o Estado da Paraíba, no foro de Marechal Thaumaturgo (AC); ao autor domiciliado em Apuí (AM) demandar o Estado de São Paulo no foro de Apuí (AM); e assim por diante para todo território nacional.

E isso, note-se bem, para todo tipo de ação, quer previdenciária, quer tributária, quer administrativa, quer mandamental, quer executiva etc.

Entretanto, parece oportuno, também para essa situação, relembrar, com a autoridade de Miguel Reale, lição clássica de exegese:

> À primeira vista poderá parecer que estamos diante de um daqueles dispositivos aptos a cortar cerce qualquer discussão, tal a clareza de seu enunciado. Na realidade, porém, não há brocardo jurídico mais desacreditado, à luz da doutrina, do que o que ensina: '*interpretatio cessat in claris*'. Há muito tempo se reconhece quão ilusória e perigosa é essa parêmia, pois por mais límpido e transparente que se revele o enunciado da norma jurídica, mister é seja interpretado, mesmo porque um artigo de lei não tem significado isolado, mas antes no contexto orgânico da legislação específica em que se insere. Como observa DEGNI, a clareza da lei já é o resultado da interpretação, e não o ponto de partida desta (REALE, 1969, p. 340).

Será que a norma em exame, então, realmente comporta aquele alcance amplíssimo?

3. As dificuldades

Parece, de fato, não haver trauma algum na aplicação da norma do art. 52, parágrafo único, do CPC, quando circunscrita sua incidência a autor domiciliado no território do Estado ou do Distrito Federal contra o qual irá demandar; mas, quando domiciliado em território distinto, são inúmeros os problemas que isso pode gerar, sob os vários ângulos de análise, que vão do direito processual aos variados campos do direito público material.

Adote-se, como ponto de partida, a perspectiva do **direito processual**.

Sabe-se que o CPC de 2015, no esforço de uniformizar a jurisprudência, para fomentar a previsibilidade da prestação jurisdicional, em prol da segurança jurídica e da isonomia na distribuição da justiça, disciplinou importantes instrumentos - o IRDR (incidente de resolução de demandas repetitivas) e o IAC (incidente de assunção de competência) -, procurou ampliar a padronização decisória e, assim, criou, em modo *suis generis*, um sistema brasileiro de precedentes judiciais, ou seja, de julgados geradores de teses jurídicas obrigatórias ou vinculantes na base territorial do tribunal (art. 985 do CPC).

Logo, tomando-se por hipótese tese jurídica fixada em IRDR pelo Tribunal de Justiça de São Paulo, determinado feito que verse idêntica questão de direito, em todo território deste Estado, teria a mesma solução; mas, ajuizada a ação em outro Estado, poderia, então, ter solução diversa, uma vez que essa vinculação não alcança senão os órgãos jurisdicionais da base territorial do tribunal do qual emanou a tese vinculante. Fosse, ainda, o caso de IRDR apenas admitido, com suspensão dos processos pendentes relativos ao tema (art. 982, I, do CPC), pela mesma razão, seria possível, em outro Estado, o trâmite regular do processo de idêntica questão.

E, caso tramite no Estado X (domicílio do autor), contra o Estado Z (réu), ação envolvendo questão de legislação estadual (lei do Estado Z), a justificar seja instaurado algum incidente, quer IRDR, quer IAC, quer até mesmo de Arguição de Inconstitucionalidade por ofensa à norma da Constituição Estadual (Estado Z); nessa hipótese, o órgão competente para resolver o incidente seria do Tribunal de Justiça do Estado X (arts. 978, 947 e 949, II, todos do CPC). Haveria, então, o risco de, para o mesmo tema, em assunto de lei estadual, fixação de teses jurídicas distintas por diversos tribunais? A incluir, a princípio, a possível antinomia de soluções acerca da constitucionalidade de uma lei estadual frente à Constituição Estadual, emanadas de distintos tribunais de justiça?

Não parece, pois, que o espírito do conjunto normativo do CPC de 2015 esteja em sintonia com esse norte intelectivo desagregador de coerência, de uniformidade e de segurança jurídica.

Poder-se-ia, ainda, levantar outras dificuldades de ordem processual, tal como, em execução fundada em título executivo extrajudicial (art. 910 do CPC), ou em cumprimento de sentença (art. 534 e 535), tendo em conta o seu peculiar regime de satisfação dos créditos, que envolve a expedição de precatório ou de requisição de pequeno valor.

Avance-se, agora, em algumas dificuldades extraídas de exemplos articulados com o direito material.

Sob o ângulo do direito tributário, atente-se para as diversas causas referentes a ICMS e a IPVA, que não raramente envolvem interesses colidentes de Estados diversos, algumas até mesmo no âmbito do que se tem denominado "guerra fiscal", e, com isso, o risco de, por via oblíqua, ante o caminho da inteligência de amplo alcance do art. 52, parágrafo único, do CPC, importar, para o Poder Judiciário, conflitos dessa ordem, alargando e potencializando os já existentes.

Por outro lado, sabe-se que concursos públicos em geral, embora estaduais, para vários setores, têm, atualmente, não só crescido em número de candidatos e de lides postas em juízo, mas também alargado, sensivelmente, a origem dos concorrentes, ou seja, têm candidatos domiciliados em diversas unidades da federação. Assim, não é difícil prever, para determinado concurso púbico, a potencial pulverização de ações judiciais, dispersas em inúmeros foros de distintos Estados e do Distrito Federal, questionando o edital, o concurso em suas diversas fases, a escolha, a nomeação e a posse pelos aprovados etc.; assim, dificultando, demasiadamente, a uniformização dos julgados e a célere conclusão do certame.

O mesmo se pode afirmar, embora em amplitude não tão larga, em relação às licitações, que, conforme o tipo de licitação estadual e o interesse nacional que despertar, poderá ter liminares espalhadas em vários cantos do país.

Que dizer, outrossim, das ações judiciais relativas às infrações de trânsito e às anotações nos registros e prontuários dos órgãos de trânsito, especialmente em quadro de proprietários e condutores de veículos automotores domiciliados em municípios de fronteira entre Estados? Ou, ainda, em ações anulatórias de autos de infração e imposição de multas, por ilícitos ambientais, lavrados por órgão ou entidade de controle da poluição de determinado Estado, mas aplicadas em infratores domiciliados em Estado diverso (*v. g.* queima de palha de cana de açúcar ocorrida sem licença da autoridade competente no município de Aparecida do Taboado - MS, de produtor rural domiciliado em São José do Rio Preto - SP)? Ou, também, em ações anulatórias de determinação de isolamento ou abate de animais em controle de zoonose decorrente de ato de polícia sanitária estadual, cujo dono dos animais tenha domicílio em Estado diverso daquele onde os tais animais se encontram? Ou, enfim, em ações anulatórias de AIIM por infrações de consumo, ocorridas em Estado diverso do domicílio dos infratores (Estado diverso esse, aliás, do local dos ilícitos, onde se encontram todos os consumidores lesados)?

Não haveria nesses tipos de ações uma inversão de valores, até mesmo do bom senso que está no fundo desses casos? Afinal, em todos esses tipos de feitos, parte-se da presunção de veracidade e de legalidade de um ato administrativo que apurou a ocorrência de um ilícito, de uma infração administrativa praticada pelo ora autor da ação ajuizada. Por que razão, então, fora da razoabilidade e da regra geral que norteia a competência das ações em geral, afastar-se do critério do domicílio do réu ou do local do ato infracional, em favor do autor, a princípio, apontado pela Administração Pública, como infrator ou responsável pela ocorrência de um fato grave e danoso no âmbito do território do Estado ou do Distrito Federal demandado?

Até mesmo em ações cominatórias para fornecimento de medicamentos, nas quais, a princípio, poder-se-ia cogitar da inexistência de tais problemas e, ao contrário, favorecer quem necessita de cuidados médicos, poder-se-ia vislumbrar quadro de fomento de risco à uniformidade dos julgados e, daí, à segurança jurídica, por ampla pulverização de julgados tematicamente similares em todo território nacional, tal como se poderia exemplificar com as inúmeras ações, ajuizadas em massa, relacionadas à fosfoetanolamina sintética, objeto de pesquisa na USP - Instituto de Pesquisa de São Carlos. A concentração dessas causas no âmbito dos foros do território do Estado de São Paulo, embora, com efeito, não elimine os julgados divergentes, ao menos não os maximizaria por todo o território nacional, e a uniformização jurisprudencial poderia ser controlada via IRDR ou IAC.

4. A interpretação histórica, sistemática, lógica e teleológica da norma

O art. 52, parágrafo único, do CPC é inovação em nosso sistema normativo processual. O CPC/73 não continha norma jurídica equivalente. Não é fruto de tradição normativa ou jurisprudencial sedimentada nem resulta de evolução alguma de disposições equivalentes anteriores.

Sua principal justificativa é o tratamento isonômico, a partir da disciplina equivalente conferida às ações em que a União for demandada, no art. 51, parágrafo único, do mesmo CPC/2015, que, a rigor, reflete o preceito constitucional inserto no art. 109, § 2º, da CF/88.

A competência concorrente, com opção pelo autor, em demandas contra a União, pelo foro do seu domicílio, ademais, tem histórico de boa sedimentação normativa[3] e jurisprudencial[4], inclusive em sede delegada à Justiça Estadual e para causas previdenciárias (art. 109, § 3º, da CF)[5], sempre construída, ao menos a partir da CF/88, no fim de facilitar o acesso ao Poder Judiciário.

---

3 Confira, a propósito, o art. 15 da Lei n. 5.010/66, que organiza a Justiça Federal de primeira instância. E, ainda, a título de estudo da evolução histórico-normativa sobre a matéria, o art. 99 do CPC/73, o art. 125, §§ 1º e 3º, da CF/67, na redação da EC 1/69, o art. 201 da CF/46, e o art. 143 do CPC/39.

4 O STF, por exemplo, tem decidido, com repercussão geral, pela incidência do disposto no art. 109, § 2º, da CF às autarquias federais (RE 627.709-DF, Rel. Min. Ricardo Lewandowski, j. 20/08/2014, *Dje* de 30/10/2014, Tema 374).

5 Súmula 689 do STF ("O segurado pode ajuizar ação contra a instituição previdenciária perante o juízo federal do seu domicílio ou nas varas federais da capital do Estado-membro").

E isso, para jurisdição de âmbito federal, a rigor, não importa em dificuldade nenhuma, à medida que a União é ente estatal único, com base territorial nacional e mecanismos de controle de constitucionalidade e de uniformização jurisprudencial próprios da Justiça Federal e dos tribunais superiores, em que não há risco de quebra de pacto federativo pelo exercício da prestação jurisdicional.

Situação diversa, pois, da jurisdição de âmbito estadual, em que há pluralidade de entes estatais dotados de autonomia política, cada um com base territorial própria e delimitada, bem como mecanismos de controle de constitucionalidade das leis (com destaque às estaduais e municipais) e de uniformização de jurisprudência adequados à dinâmica interna de cada Justiça Estadual, por seus tribunais de justiça.

Admitir, pois, que o Estado-juiz X julgue, indistintamente, demanda ajuizada contra o Estado Z, com possível declaração de inconstitucionalidade da lei estadual desse Estado Z, e até mesmo desprezo às eventuais teses fixadas em IRDR e IAC, pelo Tribunal de Justiça do Estado Z, a que não está vinculado, parece arranhar o pacto federativo, ou seja, a autonomia dos entes integrantes do pacto federativo, bem como os princípios de unidade e de segurança jurídica que o próprio CPC/2015 buscou, com afinco, fomentar.

O respeito à autonomia dos entes da federação (art. 18 da CF) não se encontra apenas na leitura vertical de distribuição de competências entre União, Estados e Municípios, mas também nos limites horizontais que vedam a interferência abusiva de um ente federativo de mesmo âmbito em outro, por exemplo, de um Estado no outro, quer por via legislativa, quer por via administrativa, quer por via jurisdicional.

Não se nega que uma lei, um ato (uma decisão ou uma obra) administrativo(a) e, ainda, uma decisão judicial de um Estado possa ter, legitimamente, algum impacto no âmbito de outro Estado, uma vez respeitadas as normas jurídicas e o devido processo legal que lhes deram vida; todavia, isso não pode se operar em forma abusiva e sistemática, a ponto de comprometer a relação de serenidade e estabilidade entre os entes da federação.

Nas palavras do Ministro Celso de Mello, é preciso preservar a "intangibilidade do vínculo federativo", e isso importa em "zelar pelo equilíbrio harmonioso das relações políticas entre as pessoas estatais que integram a Federação brasileira"[6].

Não foi por outra razão que já se afirmou, em precedentes do Tribunal de Justiça de São Paulo, que o art. 52, parágrafo único, do CPC, exige "uma leitura sistemática, e não meramente literal"[7], ou, ainda, que "o exercício da competência pelos Tribunais de Justiça é limitado às suas próprias circunscrições territoriais", por decorrência do art. 125, *caput* e § 1º, da Constituição Federal, e, portanto, "a única interpretação compatível do referido dispositivo é de que a parte poderia demandar o Estado dentro de seu território, mas não necessariamente na Capital, que é o lugar da sede da pessoa jurídica (art. 53, III, *a*, do CPC/15)"[8], invocando-se, em reforço, a afirmação da Minª. Laurita Vaz de que "não é difícil construir um raciocínio lógico-estrutural que encampa a tese da impossibilidade de um Tribunal de Justiça Estadual interpretar leis e normas locais de outro ente federativo para acolher pretensão de origem estranha aos seus limites territoriais"[9].

A teleologia da norma processual em exame, pois, orientada ao fim de assegurar e facilitar o acesso ao Poder Judiciário, em demandas contra Estado e o Distrito Federal, está preservada, à medida que é possível propor a ação judicial não apenas na Capital, mas também no domicílio do autor, desde que ele se encontre domiciliado no território do ente público demandado; entretanto, não em modo tão amplo como a sua interpretação gramatical dá a entender.

---

6 STF, ACO 1.534, j. 17/03/2011.

7 AI 2098321-12.2018.8.26.0000, Rel. Des. Souza Nery, j. 13/06/2018: uma interpretação que leve "à conclusão de que o legislador quis dizer, tão somente, que uma ação movida contra o Estado de São Paulo, por exemplo, mesmo Ente da Federação onde o autor mantém domicílio, pode, sim, ser ajuizada perante o órgão judiciário fracionado correspondente à comarca do domicílio do autor, não necessariamente na comarca de domicílio do réu".

8 Ap. 1007565-57.2016.8.26.0577, Relª. Desª. Maria Olívia Alves, j. 07/05/2018.

9 STJ, REsp n. 724.200/MG, j. 04/02/2010. E, assim, concluir que "a despeito da Constituição não dizer de forma expressa que cada Tribunal de Justiça Estadual só possui competência para julgamento das causas que englobam os limites territoriais do respectivo Estado da Federação".

Daí, não é o caso de inconstitucionalidade da norma, mas apenas de sua adequada interpretação restritiva, com os recursos dos métodos históricos, sistemáticos, lógicos e finalísticos, inclusive em intelecção de conformação às regras constitucionais e de respeito ao princípio do pacto federativo, e, ainda, às regras processuais e de atenção aos princípios de isonomia e de segurança jurídica na prestação jurisdicional do CPC/2015.

5. Concluindo: a necessidade de prevalência da interpretação restritiva

Em síntese, portanto, porque a interpretação gramatical é apenas semente de exegese, embrião ou princípio de investigação cognitiva, bem como porque sobre ela deve preponderar a interpretação conjugada dos demais métodos hermenêuticos (histórico, sistemático, lógico e finalístico), e, por fim, por se entender que, no caso, o legislador disse mais do que queria dizer, conclui-se, na inteligência do art. 52, parágrafo único, do CPC, que se impõe a prevalência da interpretação de resultado restritivo, para se afirmar o enunciado de que "a ação em que Estado ou Distrito Federal for demandado pode ser proposta no foro do domicílio do autor, quando esse domicílio estiver nos limites do território do Estado ou do Distrito Federal demandado".

BIBLIOGRAFIA

NERY JR., Nelson; NERY, Rosa Maria de Andrade. *Código de Processo Civil comentado*. 17. ed. **São Paulo:** Revista dos Tribunais, 2018.

REALE, Miguel. Da interpretação no Direito Administrativo (parecer de julho de 1961). In: *Direito Administrativo* (estudos e pareceres). Rio de Janeiro: Forense, 1969.

APONTAMENTOS SOBRE A INTIMAÇÃO DA FAZENDA PÚBLICA POR MEIO DO PORTAL ELETRÔNICO NAS AÇÕES DE EXECUÇÃO FISCAL

Wanderley José Federighi

1. Introdução

Tem sido acirrada a polêmica referente à legalidade da utilização do denominado *portal eletrônico,* para efeito de realizar-se as intimações das Fazendas Públicas nas ações de execução fiscal movidas pelos entes públicos contra os contribuintes remissos.

Em especial no que tange às Prefeituras Municipais, tem se verificado a *extinção* de muitas dessas ações, decorrente do fato de que as exequentes não efetuam o devido acompanhamento do andamento das ações, descurando da existência de intimações suas pelo referido portal, incorrendo no disposto no art. 485, III, do Código de Processo Civil; ou seja, são proferidas sentenças extintivas dos processos, devido ao reconhecimento do fenômeno do *abandono de causa.*

As Fazendas Públicas, então, vêm interpondo recursos de apelação, nos quais pugnam pelo prosseguimento das execuções fiscais, batendo-se pela aplicação do denominado *princípio da especialidade;* ou seja, entendem que não podem ser aplicadas, às ações de execução fiscal, as normas do Código de Processo Civil que entrem em rota de colisão (no seu entendimento) com o disposto no art. 25 da Lei n. 6.830/80 (Lei das Execuções Fiscais), que determina que a intimação das Fazendas Públicas exequentes deverá ser feita *pessoalmente.*

Buscando dar uma pequena contribuição à solução do debate em torno da matéria, debruçamo-nos sobre o tema, procurando chegar à solução mais adequada, sempre com a necessária humildade e com o respeito pelas posições antagônicas.

2. A Fazenda Pública e a sua intimação nas ações de execução fiscal

O Código de Processo Civil, no art. 269, *caput,* conceitua a *intimação* como sendo o "ato pelo qual se dá ciência a alguém dos atos e dos termos do processo". Fazendo eco a essa conceituação, ainda que com remissão ao art. 234 do Código de Processo Civil anterior, de 1973, Vicente Greco Filho aduz que a finalidade dessa cientificação é para que a pessoa intimada *faça ou deixe de fazer alguma coisa* (2013, p. 69).

No mesmo sentido é o entendimento de Marcus Vinícius Rios Gonçalves (2016, p. 338)[1].

---

1 A propósito do tema, De Plácido e Silva afirma que o vocábulo *intimação* é derivado "do latim *intimatio,* de *intimare* (ordenar, dar a saber, declarar), genericamente, na terminologia jurídica, é empregado para designar todo *ato processual* que tem por fim levar ao conhecimento de certa pessoa, seja parte ou interessada no feito, ato judicial ali praticado, a pedido da outra parte ou por ofício do juiz.
É, assim, a *ciência,* geralmente em caráter de ordem e de autoridade, que *deve ser dada* à pessoa, parte ou interessada *em um processo,* a respeito de despacho ou de sentença nele proferida, ou de qualquer outro ato judicial ali promovido, a fim de que o *intimado,* bem ciente do ocorrido, possa determinar-se, segundo as regras prescritas em lei, ou *fique sujeito* às sanções nesta cominadas" (2004, p. 768).

Diverge, por óbvio, do ato de *citação,* pelo qual se convoca o réu para *integrar* a relação processual, cientificando-se-o das alegações do autor e determinando-se-lhe que apresente a sua defesa, no prazo legal. A *intimação é ato pelo qual se dá ciência às partes, já integrantes da relação processual,* referentemente ao que transcorre no curso da lide, demandando-se-lhes providências processuais de sua alçada, sejam tais providências um *facere* ou um *non facere*[2].

Sua importância, para o fluxo processual, é mais do que evidente. Malgrado deva o processo caminhar sob o pálio do impulso oficial, é fato que há determinados atos processuais que apenas podem ser praticados pelas próprias partes; e, para a prática deles, imprescindível a intimação, por quaisquer meios legalmente previstos.

A propósito, lembrava José Frederico Marques:

> A intimação é de grande importância, entre outros motivos, no que tange à marcha e curso do procedimento, e ao impulso processual, porque, "salvo disposição em contrário, os prazos para as partes, para a Fazenda Pública e para o Ministério Público contar-se-ão da intimação" (*idem,* art. 240). É a intimação, portanto, que fixa, geralmente, o *dies a quo* dos prazos processuais (1982, p. 351).

Lembra ainda Vicente Greco Filho que a *intimação* pode ser feita por diversas formas, aduzindo somar-se, mais recentemente, aos meios mais tradicionais de intimação (por oficial de justiça; por carta registrada; por publicação no órgão oficial, entre outros), aquela feita por *publicação eletrônica* (2013, p. 70).

Assim, encontra-se em vigor, em nosso País, desde 19 de dezembro de 2006, a Lei n. 11.419, que "dispõe sobre a informatização

---

2 Aliás, Olavo de Oliveira Neto e outros aduzem que "o CPC de 1939 fazia distinção entre as modalidades utilizadas para a comunicação dos atos processuais, tratando por citação o ato de chamamento ao processo, como notificação a comunicação da necessidade da realização de uma conduta comissiva ou omissiva (praticar ou deixar de praticar um ato processual), e, como intimação, o ato que dava à parte ciência de atos processuais já praticados" (2015, p. 557). Sob a égide do Código atual, os mesmos autores dizem que se reconhecem apenas a intimação e a citação como *modalidades de comunicações dos atos processuais* (idem, ibidem).

do processo judicial, altera a Lei n. 5.869, de 11 de janeiro de 1973 - Código de Processo Civil, e dá outras providências".

Em verdade, a legislação processual *já se encaminhava* no sentido da adoção de medidas referentes à informatização do processo, antes mesmo da entrada em vigor da referida lei. Assim, Arruda Alvim lembra da existência da Lei n. 9.800/99, que possibilitou a utilização de meios eletrônicos para alguns atos processuais (malgrado com limitações, como, p. ex., a obrigatoriedade do encaminhamento da petição física, no prazo de cinco dias, após a remessa do documento eletrônico) e da Lei n. 11.280/2006, que alterou o parágrafo único do art. 154 do CPC/73, possibilitando aos tribunais disciplinar a prática e a comunicação oficial de atos processuais por meios eletrônicos, "atendidos os requisitos de autenticidade, integridade, validade jurídica e interoperabilidade da infraestrutura de Chaves Públicas Brasileira - ICP-Brasil" (2018, p. 668)[3].

Abordando a Lei n. 11.419/2006, é novamente Vicente Greco Filho que observa:

> A Lei n. 11.419/2006, que dispõe sobre a informatização do processo judicial aos processos civil, penal e trabalhista, bem como aos juizados especiais em qualquer grau de jurisdição, trouxe em seu art. 4º a possibilidade de os tribunais criarem *Diário da Justiça eletrônico,* a ser disponibilizado em sítio da rede mundial de computadores, para publicação de atos judiciais e administrativos próprios e dos órgãos a eles subordina-

---

3 Por seu turno, o Desembargador Federal José Ernesto Manzi traz à baila, em nível federal, o art. 17 da Lei n. 10.910, de 15/07?2004, cuja redação é a seguinte: "Nos processos em que atuem em razão das atribuições de seus cargos, os ocupantes dos cargos das carreiras de Procurador Federal e de Procurador do Banco Central do Brasil serão intimados e notificados pessoalmente". Também lembra o referido autor da existência da Lei n. 9.028/95, art. 6º, que teria estendido o privilégio da intimação pessoal a procuradores e advogados da União; isto, além da Lei Complementar n. 73/93, que trata da Advocacia-Geral da União, cujo art. 38 diz: "As intimações e notificações são feitas nas pessoas do Advogado da União ou do Procurador da Fazenda Nacional que oficie nos respectivos autos" ("A intimação da Fazenda Pública por meio eletrônico equivale à intimação pessoal"; Disponível em: https://jus.com.br/artigos/12607/a-intimacao-da-fazenda-publica-por-meio-eletronico-equivale-a-intimacao-pessoal. Acesso em: 23/07/2019). À evidência, dispositivos legais citados ampliam os já grandes privilégios processuais da Fazenda Pública.

dos, além de comunicações em geral, substituindo qualquer outro meio e publicação oficial, para quaisquer efeitos legais (art. 2º), à exceção dos casos que, por lei, exigem intimação ou vista pessoal, por exemplo, a intimação da Defensoria Pública ou do Ministério Público e os demais casos acima citados (2013, p. 71).

A intimação por meio eletrônico, lembra Marcus Vinicius Rios Gonçalves, é "a forma preferencial de intimação, desde que sua efetivação seja possível, observado o disposto na Lei n. 11.419/2006" (2016, p. 339).

Isso não significa, por outro lado, que outras formas de intimação estejam excluídas da seara processual. Muito pelo contrário. O art. 270 do CPC estabelece, tal qual referido pelo autor por último citado, que a intimação da parte por meio eletrônico é a *forma preferencial* de intimação; contudo, caso esta não seja viável (não devemos nos esquecer de quão grande é o Brasil, e que a realidade dos meios processuais e de sua disponibilidade diverge de região para região), continuando, portanto, a existir outras formas de proceder-se à intimação das partes. Ou seja, será possível, como lembram Olavo de Oliveira Neto e outros, a intimação das partes pelo correio, pelo escrivão, pelo oficial de justiça e, em último caso, por edital (2015, p. 558)[4].

A celeuma que tem se verificado, mais recentemente, diz respeito especificamente à questão da intimação das Fazendas Públicas nas ações de execução fiscal, como já observado alhures.

A intimação da Fazenda Pública, historicamente, reveste-se de algumas particularidades, no que diz respeito às referidas *ações de execução fiscal*, posto que, nas demais ações em que a Fazenda contende com particulares, os prazos processuais devem obedecer ao disposto no Código de Processo Civil e nas demais leis pertinentes. Já no tocante às mencionadas ações de execução fiscal, a questão é objeto específico do art. 25, *caput*, da Lei n. 6.830/80 (LEF), que diz: "Na execução fiscal, qualquer intimação ao representante judicial da Fazenda Pública será feita pessoalmente".

---

4 No mesmo sentido é o entendimento de Eduardo Arruda Alvim e outros (2019, p. 449).

Analisando a questão, já há vários anos, José Alonso Beltrame, Régis Fernandes de Oliveira e Rui Stoco aduziam:

> Qualquer intimação ao representante judicial da Fazenda será feita pessoalmente.
>
> A medida é reprovável, mas legal.
>
> Não haverá, pois, intimação pela imprensa nas execuções fiscais, para o representante da Fazenda.
>
> A intimação pessoal ocorrerá pela só remessa dos autos ao representante judicial da Fazenda pelo cartório ou secretaria, mediante carga e recibo (1981, p. 36).

Pois bem, a questão daí decorrente é a seguinte: de um lado, tem-se o texto do citado art. 25 da LEF, que demanda a intimação *pessoal* dos representantes das Fazendas Públicas nessas ações. De outra banda, a Lei Federal n. 11.419/2006 estabelece a possibilidade de intimação das Fazendas por meio do denominado portal eletrônico, o que veio a ser objeto, também, do Código de Processo Civil, que admite essa forma de intimação.

Indaga-se, pois: como ficam os aplicadores do Direito, ao se defrontarem com tal situação?

3. O Código de Processo Civil e a Lei de Execução Fiscal

Verifica-se, a propósito do tema, que vêm sendo erguidas objeções, seguidamente, por alguns entes públicos, em especial Municípios, ao executarem seus créditos tributários, no que toca à possibilidade da aplicação do disposto no art. 5º da Lei n. 11.419/2006 às ações de execução fiscal, posto gozarem de situação diferenciada, regida a matéria, como já observado, pelo disposto no art. 25 da LEF.

Tal entendimento, outrossim, não se limita às Procuradorias Municipais, havendo, inclusive, corrente jurisprudencial nesse sentido.

Invoca-se, em defesa da tese da inaplicabilidade da intimação das Fazendas Públicas pelo portal eletrônico, o disposto no § 1º do art. 1º da Lei n. 11.419/2006, que diz:

> Art. 1º O uso de meio eletrônico na tramitação de processos judiciais, comunicação de atos e transmissão de peças processuais será admitido nos termos desta Lei.
>
> § 1º Aplica-se o disposto nesta Lei, indistintamente, aos processos civil, penal e trabalhista, bem como aos juizados especiais, em qualquer grau de jurisdição.

Os defensores da inaplicabilidade da referida intimação às Fazendas Públicas, nas ações de execução fiscal, aduzem que tal dispositivo *não faz menção às referidas ações;* disto decorre que, caso se trate de execução fiscal, aplicável à espécie é exclusivamente o disposto no art. 25, *caput,* da Lei n. 6.830/80; ou seja, a intimação dos representantes das Fazendas exequentes deverá ser feita *pessoalmente.*

A questão, aliás, chegou a ser sumulada pelo antigo Tribunal Federal de Recursos (TFR), com o número 240: "A intimação do representante judicial da Fazenda Pública, nos embargos à execução fiscal, será feita pessoalmente".

O Código de Processo Civil, contudo, visando à necessária *modernização das formas processuais*, com o objetivo de alcançar-se *maior celeridade na tramitação dos feitos*, veio a adotar a possibilidade de efetuar-se as intimações por meio eletrônico; aliás, *sem fazer restrição de espécie alguma.*

Observe-se o disposto no art. 183 e no § 1º do mencionado artigo:

> Art. 183. A União, os Estados, o Distrito Federal, os Municípios e suas respectivas autarquias e fundações de direito público gozarão de prazo em dobro para todas as suas manifestações processuais, cuja contagem terá início a partir da intimação pessoal.
>
> § 1º A intimação pessoal far-se-á por carga, remessa ou meio eletrônico.

Outrossim, o art. 270, *caput,* do CPC, determina que as intimações realizam-se, "sempre que possível[5], por meio eletrônico, na forma da lei".

---

5 A propósito da utilização do termo "sempre que possível" no dispositivo legal comentado, o Ministro José Augusto Delgado, em obra coletiva coordenada

A ideia do legislador, por certo, foi a de tornar o processamento dos feitos mais rápido, mais célere, atingindo, assim, o almejado sonho de um processo civil de menor duração, que não submeta as partes à longa *via crucis* que já se tornou tão conhecida no Judiciário de nosso País. Aliás, a respeito do tema, Luiz Guilherme Marinoni e outros afirmam:

> A fim de diminuir o tempo do processo, o novo Código prevê que as intimações realizam-se, sempre que possível, por meio eletrônico, na forma da lei (art. 5º, Lei n. 11.419, de 2006) (...) A intimação eletrônica é o meio preferencial para realização das intimações no novo Código (2015, p. 287).

A *intimação pelo portal eletrônico* não se confunde com aquela feita pelo *Diário da Justiça Eletrônico.*

A propósito, lembram Teresa Arruda Alvim Wambier e outros:

> O dispositivo consolida o que disciplina a Lei n. 11.419/2006 que, ao dispor sobre a informatização do processo judicial, estabelece duas formas de **comunicação eletrônica do ato processual.** A primeira delas, prevista no art. 4º, dá-se por meio do Diário da Justiça Eletrônico. A segunda forma de intimação, prevista no art. 5º da mesma Lei, é realizada no próprio processo eletrônico, em nome do advogado cadastrado no sistema do tribunal (2015, ps. 450/451)[6].

Para que se faça a intimação eletrônica, há necessidade de observância, pelos interessados, do disposto no art. 2º da Lei n. 11.419/2006, cujo *caput* assim dispõe:

> O envio de petições, de recursos e a prática de atos processuais em geral por meio eletrônico serão admitidos mediante uso de assinatura eletrônica, na forma do art. 1º desta Lei, sendo

---

por Angélica Arruda Alvim e outros, observa que tal colocação "denota que a intimação só será realizada por meio eletrônico quando existir estrutura material capaz de comportar tal prática de comunicação de ato processual" (2016, p. 347). Vide, aliás, o que foi dito a respeito de outras formas de proceder-se à intimação das partes, no item n. 1 deste artigo.

6 A intimação por meio eletrônico, lembram Olavo de Oliveira Neto e outros, "abarca a intimação por e-mail, prevista no art. 246, §§ 1º e 2º, do CPC, e a intimação por meio do diário da Justiça eletrônico" (2015, p. 558).

obrigatório o credenciamento prévio no Poder Judiciário, conforme disciplinado pelos órgãos respectivos.

O § 1º desse mesmo artigo completa: "O credenciamento no Poder Judiciário será realizado mediante procedimento no qual esteja assegurada a adequada identificação presencial do interessado".

Lembram ainda Luiz Guilherme Marinoni e outros, sobre o tema, que

> A fim de viabilizar paulatina realização das intimações por meio eletrônico, o art. 270, parágrafo único, do CPC, determina que o Ministério Público, a Defensoria Pública e a Advocacia Pública mantenham cadastro nos sistemas de processo em autos eletrônicos (art. 246, § 1º, CPC) (2015, p. citada).

E novamente Teresa Arruda Alvim Wambier e outros afirmam:

> Altera-se o modo de expedição da intimação quando esta ocorre no próprio processo eletrônico, nos termos do art. 5º da Lei n. 11.419/2006. Após o devido cadastramento do advogado no sistema eletrônico do tribunal, as intimações serão expedidas no próprio sistema, sem publicação no Diário da Justiça Eletrônico (2015, p. 451).

A ideia, assim, é que os interessados em receber a intimação por meio do portal eletrônico efetuem o seu cadastramento junto ao órgão competente, para o fim de receberem a mencionada intimação *dentro do próprio processo.* A finalidade, como observado pelos sobreditos autores, é a de atingir-se a almejada celeridade processual.

As mencionadas informações, uma vez disponibilizadas, serão visualizadas *apenas pelos usuários cadastrados previamente*. Ademais, como estabelece o art. 2º da Lei n. 11.419/2006, deve-se fornecer um meio de acesso ao sistema, efetuando-se a intimação *quando o intimado acessa o sistema.* Isto deve se dar em até dez dias corridos após o seu envio; caso contrário, *será realizada de maneira automática, ao findar-se o mencionado prazo*[7].

---

7 A questão referente à obrigatoriedade para a realização do mencionado cadastramento também já foi objeto de discussão, em especial em face da existência de um veto presidencial feito ao art. 17 da Lei n. 11.419/2006;

A objeção feita a esse sistema, não apenas pelas Fazendas Públicas diversas (empenhadas, à evidência, na manutenção de seus privilégios processuais, entre os quais a intimação pessoal de seus representantes legais...), mas também por alguns magistrados, mais aferrados ao sistema legal antigo, é no sentido de que a Lei das Execuções Fiscais é *lei especial,* o que determina a aplicação meramente subsidiária dos demais diplomas legais, permanecendo em vigor as disposições especiais dos procedimentos regulados em outras leis, tal qual disposto no § 2º do art. 1.046 do CPC. De outra banda, o art. 1º da Lei n. 6.830/80 determina, também, a aplicação subsidiária das normas do CPC ao processo de execução fiscal, o que determinaria, no entendimento dos defensores dessa tese, o afastamento da possibilidade da intimação das Fazendas Públicas pelo portal eletrônico, nas ações em questão. Há corrente jurisprudencial nesse sentido, como é sabido.

Outrossim, ao que consta, o entendimento do Superior Tribunal de Justiça a respeito da matéria afastaria a possibilidade de intimação da Fazenda Pública por *carta com aviso de recebimento (A.R.)* ou por meio da *Imprensa Oficial,* não se antepondo às determinações constantes na Lei n. 11.419/2006. Nesse sentido, merecem lembrança as decisões proferidas no AgInt no AREsp n. 1.172.325/SP, em que foi relator o Ministro Francisco Falcão, j. 26/03/2019, e REsp n. 1.718.099/SP, relator o Ministro Herman Benjamin, j. 15/03/2018, entre outros.

4. A Lei n. 11.419/2006 e a intimação das partes por meio eletrônico

Malgrado a objeção feita tanto por procuradorias judiciais como por alguns magistrados, no tocante ao tema em discussão, entende-se que a posição deles, exposta no item anterior deste artigo, *não reúne condições de ser acatada.*

---

contudo, tal veto, como esclareceu novamente José Ernesto Manzi, diz respeito ao estabelecimento de *prazo* para a realização do dito cadastramento. Isto, lembra o mencionado autor, "não impede que o Judiciário imponha o cadastramento como contrapartida, por exemplo, ao acesso ao processo eletrônico (https://jus.com.br/tudo/processo-eletronico) ou mesmo ao mero peticionamento eletrônico" (p. 4).

Senão, vejamos.

O art. 5º da Lei n. 11.419/2006 assim dispõe:

> As intimações serão feitas por meio eletrônico em portal próprio aos que se cadastrarem na forma do art. 2º desta Lei, dispensando-se a publicação no órgão oficial, inclusive eletrônico.

O § 6º do mesmo artigo, por seu turno, assim prevê:

> As intimações feitas na forma deste artigo, **inclusive da Fazenda Pública**, serão consideradas pessoais para todos os efeitos legais (grifo nosso).

A intimação, nos termos propostos, considera-se realizada no momento em que o intimado acessa o sistema, o que deve se dar em até dez dias corridos após o seu envio, sob pena de ser efetuada de forma automática, ao finalizar-se esse prazo, como já observado no item anterior deste trabalho. Destarte, o que se verifica é que os autos do processo estarão à disposição da Fazenda exequente, 24 horas por dia, cabendo-lhe apenas acessar o portal eletrônico periodicamente, com a finalidade de dar o correto andamento aos processos que sejam de seu interesse.

Outrossim, o CPC, como observado no item anterior deste artigo, passou a estabelecer, no § 1º do art. 183, a possibilidade de intimação *pessoal* da Fazenda Pública por carga, remessa ou por *meio eletrônico,* não se verificando, com a devida vênia, a existência de incompatibilidade alguma desse dispositivo com o constante do art. 25, parágrafo único, da Lei n. 6.830/80. Este último fala em *intimação pessoal do representante judicial da Fazenda;* o § 1º do art. 183 do CPC estabelece, apenas, uma *nova forma de proceder-se a essa intimação pessoal.*

Aliás, não é despropositado observar-se que a referência do mencionado art. 25 da LEF à *intimação pessoal,* deve ser interpretada no contexto de uma época já pertencente ao passado, quando *todos os processos eram físicos.* Além disso, analisando-se o texto do parágrafo único do dito artigo da LEF, vê-se que dele consta a expressão "poderá" ser feita a intimação mediante vista dos autos, *não se tratando, à evidência, do único meio possível* – caso em que o legislador deveria ter se utilizado da expressão "deverá", em vez de "poderá".

Lembra, a propósito, o Desembargador Ricardo Cunha Chimenti:

> Ademais, a Lei de Execução Fiscal é da década de 80, época em que era impossível pensar em processo eletrônico, cuja maior evidência no Brasil se iniciou apenas em 2006, com a criação do projeto PROJUDI, de iniciativa do Conselho Nacional de Justiça, o que ensejou a promulgação da Lei n. 11.419/2006, que dispõe sobre a informatização do processo judicial, já anteriormente citada.
>
> Nesse cenário, cumpre ressaltar que o Direito deve acompanhar as rápidas transformações da sociedade, especialmente quanto ao processo eletrônico, que tem como principal característica tornar o processo mais célere, notadamente no que diz respeito às citações e intimações das partes do processo (Apelação Cível n.1508402-09.2016.8.26.0075; Comarca de Bertioga; j. 27/06/2019, v.u.).

Efetivamente, estranha-se, no momento atual do Direito brasileiro, em especial o Direito Processual, com tantas transformações se operando, que se insista no privilégio processual da *intimação pessoal do representante da Fazenda,* propugnada por alguns entes públicos e por alguns magistrados, nos moldes antigos, quando tanto o progresso científico como a imprescindibilidade da almejada celeridade processual apontam no sentido de adotar-se posição mais progressista.

5. A decretação do abandono processual e consequente extinção das ações de execução fiscal por falta de diligência por parte do ente exequente

Estabelecidas as premissas constantes nos itens anteriores deste artigo, é de se lembrar o que dispõe o art. 485, III e § 1º, do CPC, *in verbis*:

> Art. 485 - O juiz não resolverá o mérito quando:
>
> (...)
>
> III - por não promover os atos e as diligências que lhe incumbir, o autor abandonar a causa por mais de 30 (trinta dias);
>
> § 1º Nas hipóteses descritas nos incisos II e III, a parte será intimada pessoalmente para suprir a falta no prazo de 5 dias.

Conquanto remanesça alguma divergência sobre o tema, tem prevalecido o entendimento no sentido de que essa regra *também é aplicável às ações em que é demandante a Fazenda Pública* e, inclusive, às execuções fiscais, haja vista o disposto no já citado art. 1º da Lei n. 6.830/80, o qual prevê expressamente a aplicação subsidiária das normas do Código de Processo Civil:

> Art. 1º A execução judicial para cobrança da Dívida Ativa da União, dos Estados, do Distrito Federal, dos Municípios e respectivas autarquias será regida por esta Lei e, subsidiariamente, pelo Código de Processo Civil.

Pois bem, as Fazendas Públicas, inclusive as Prefeituras Municipais, nas ações de execução fiscal, têm sido intimadas por meio do denominado *portal eletrônico* para se manifestar a respeito do resultado das eventuais tentativas frustradas de citação dos executados; e, em muitos casos, tem se verificado, inclusive com certidão das Serventias, que se dá o decurso do prazo, *sem* a manifestação das exequentes.

Determina-se, então, que a exequente se manifeste em termos de prosseguimento da ação, no usual prazo de cinco dias, sob pena de extinção, sendo intimação feita por meio do referido portal eletrônico (isto à evidência, uma vez observada a obrigatoriedade do cadastramento referido no art. 2º da Lei n. 11.419/2006). Transcorrido *in albis* o prazo para manifestação, o juízo *a quo* extingue a ação, sem resolução do mérito, com fulcro no abandono processual, previsto no art. 485, III, do CPC.

Observa-se que a intimação pessoal da Municipalidade já tem sido realizada por meio do referido portal eletrônico, pois, conforme determina a Lei Federal n. 11.419/2006, que dispõe sobre a informatização do processo judicial, passaram a ter *caráter pessoal* todas as intimações feitas eletronicamente em portal próprio.

Na mesma esteira, o novel diploma processual prevê, também no já citado art. 183, § 1º, do CPC, a possibilidade de intimação da Fazenda Pública por meio eletrônico, o qual passou a representar *forma legítima de intimação pessoal.*

Assim, apesar de os entes exequentes terem sido intimados na pessoa de seu representante legal (por meio do referido portal eletrônico) para providenciar o efetivo andamento da execução, não se dá qualquer manifestação, sendo o caso, portanto, de *extinguir-se* a execução, uma vez que se verifica estar caracterizado realmente o *abandono da causa*.

6. Uma questão que não pode ser ignorada

Há, ainda, a par dos argumentos até aqui enumerados em favor da plena legalidade da extinção das ações de execução fiscal com base no art. 485, III, do CPC de 2015, por conta do não atendimento da intimação constante do portal eletrônico, para que a Fazenda exequente dê o devido e regular andamento ao feito, ainda *mais um argumento*.

Observou-se alhures que as Fazendas exequentes buscam a manutenção de seus privilégios processuais, ainda nos dias correntios, invocando, em sua defesa, as normas constantes do art. 25 e parágrafo único da Lei n. 6.830/80, que preveem a referida *intimação pessoal* de seus representantes.

Desconstruiu-se esse argumento, contudo, com a análise do mencionado parágrafo único do art. 25, o qual aduz que a intimação em questão *poderá* (e não *deverá*) ser feita mediante vista dos autos, "com imediata remessa ao representante judicial da Fazenda Pública, pelo cartório ou secretaria".

Desnecessário seria lembrar que *os tempos mudaram;* que não estamos mais no princípio da década de 80 do século passado. Que há Varas ou Setores de Execuções Fiscais, como os da Capital do Estado de São Paulo, onde tais execuções (estaduais e municipais) chegam à casa dos *milhões;* que é absolutamente despido de praticidade o procedimento pelo qual se propugna, com a entrega – *física* – dos autos, em quantidades astronômicas, nas mãos de procuradores das Fazendas.

Assim, os argumentos desenvolvidos por José Alonso Beltrame, Régis Fernandes de Oliveira e Rui Stoco, na obra citada no item n. 1 deste singelo artigo, conquanto tecnicamente irrepreensíveis para a época em que a obra em questão foi escrita, *já não mais podem prevalecer,* ante a pura e simples passagem do tempo, aliada à imprescindibilidade da modernização dos procedimentos judiciais, com o fito de celerização dos processos judiciais.

E o que se procurou fazer, com a legislação citada neste trabalho, foi nada mais, nada menos do que isto – *dinamizar* o procedimento das ações judiciais, inclusive as de execução fiscal, com a utilização do portal eletrônico.

Invocou-se o *princípio da especialidade* em favor da tese das Fazendas. A prevalência da *lei especial* (ou seja, *in casu,* da LEF) sobre a *lei geral* (*in casu,* o CPC de 2015). Também se advogou a *inaplicabilidade* da Lei n. 11.419/2006 às ações de execução fiscal, por conta do referido princípio. Mas *também aí não é de se acolher a argumentação das Fazendas.* As duas leis - ou seja, a LEF, de 1980, e a Lei n. 11.419/2006 - são *leis federais, de igual patamar na hierarquia legislativa do País.* E é princípio basilar de hermenêutica que a *lei posterior revoga a lei anterior, naquilo que com ela não for compatível.*

Lembrando o disposto no art. 17 da Lei n. 10.910, de 15/07/2004 (que determinava a intimação e a notificação pessoal dos procuradores federais), mais uma vez é José Ernesto Manzi que aduz que, se tal dispositivo não foi expressamente *revogado* pela novel legislação, inclusive pelo disposto no § 6º do art. 5º da Lei n. 11.419/2006, certamente "foi por ele **adaptado,** ao considerar **intimação pessoal** aquela realizada pela via eletrônica" (p. 4).

É de se entender igualmente no que tange ao disposto no art. 25 da LEF, ou seja, que, com a entrada em vigor de diploma legal do mesmo nível hierárquico, que é a Lei n. 11.419/2006, com as disposições sobreditas, já não se pode cogitar que a entrega física dos autos a procurador da Fazenda seja a única forma de sua *intimação pessoal,* sendo a intimação por meio do portal eletrônico reconhecidamente outra forma de intimação pessoal do representante da Fazenda Pública.

7. O entendimento da doutrina

Ainda que a questão seja relativamente nova, alguns doutrinadores de escol já vêm se debruçando sobre ela, buscando afastar as dúvidas que inevitavelmente surgem, ao se instituírem mudanças nos textos legais, em especial aqueles de aplicação prática mais recorrente.

Assim, cabível lembrar, a uma, da lição de Vicente Greco Filho a respeito do tema:

> Em São Paulo, o *Diário da Justiça eletrônico* foi instituído por meio do Provimento n. 1.321/2007, alterado pelos Provimentos n. 1.414/2007 e 1.668/2009, do Egrégio Conselho Superior da Magistratura do Tribunal de Justiça de São Paulo.
>
> Finalmente, têm o Ministério Público e a Defensoria Pública o privilégio de serem sempre intimados pessoalmente, não podendo ser feita a intimação por publicação no órgão oficial. Justifica-se a medida não só porque o representante do Ministério Público ou o Defensor Público estão sempre presentes, atuando junto ao juiz, mas também em virtude do interesse público que justifica a intervenção do primeiro interesse do pobre ou ausente em razão do qual atua a segunda (2013, p. 71-72).

Observe-se que o referido autor destaca a atuação dos representantes do Ministério Público e da Defensoria Pública, *mas não a dos procuradores das Fazendas Públicas* – o que, *mutatis mutandis,* leva à conclusão de que *não vislumbra impedimento à intimação dos referidos procuradores da forma mencionada no item anterior deste trabalho*.

Arruda Alvim aduz, sobre a questão entelada:

> Os *Diários Oficiais* eletrônicos também estão disciplinados na norma, sendo a sua implementação de competência dos Tribunais, basicamente para as mesmas finalidades atualmente desempenhadas pelos *Diários Oficiais* tradicionais anteriormente existentes (art. 4º, *caput,* da Lei n. 11.419/2006), devendo este ser o meio de comunicação e informação eletrônico substitutivo de "qualquer outro meio e publicação oficial, para quaisquer efeitos legais", salvo a necessidade de intimação ou vista pessoal (art. 4º, § 2º, da Lei n. 11.419/2006), especialmente no que tange aos despachos, as decisões interlocutórias, os dispositivos das sentenças e as ementas dos acórdãos (art. 203, § 3º, do CPC/2015).
>
> (...)
>
> A própria Fazenda Pública será intimada na forma do art. 5º, e valerá como intimação pessoal (art. 5º, § 6º, da Lei n. 11.419/2006 c/c o art. 246, § 2º, do CPC/2015. Em casos urgentes, em que a intimação realizada pela forma acima possa

causar prejuízo, ou se for evidenciada burla ao sistema, o juiz poderá determinar seja realizada de outra forma (art. 5º, § 5º, da Lei n. 11.419/2006) (2018, p. 674).

Analisando a matéria, José Ernesto Manzi traz à baila as seguintes - e importantes - ponderações:

> **A confusão está em se confundir intimação pessoal, com firma aposta em termo dos próprios autos,** ainda que mandados ou notificações portados por Oficiais de Justiça.
>
> Em verdade, se é que o conceito de **intimação pessoal** implicou, em alguma época, na entrega de um maço de papéis pelo Oficial de Justiça às mãos do destinatário e só dele, ou mesmo na colheita da firma em termo nos autos, isto hoje já não é assim (p. 3).

E, mais adiante, ao comentar o art. 5º, da Lei n. 11.419/2006 e, em especial, o § 6º da mencionada lei:

> Ora, este dispositivo se não revogou o art. 17 da Lei n. 10.910, de 15.07.04, que determinava a intimação e notificação pessoal dos Procuradores Federais, foi por ele **adaptado,** ao considerar **intimação pessoal** aquela realizada pela via eletrônica.
>
> Assim, toda vez que se der publicidade eletrônica a uma decisão judicial, as partes, inclusive a Fazenda Pública, são consideradas intimadas **pessoalmente** (p. 3, ainda).

E, mais adiante:

> Em resumo, ao menos com o advento **da Lei Federal n. 11.419, de 19.12.06**, que dispõe sobre a informatização do processo judicial, **a intimação eletrônica passou a equivaler à intimação pessoal,** mesmo para a Fazenda Pública.
>
> Isto decorre da lei e é indispensável para que, um dia, possamos atingir um processo célere, apto a dar ao homem moderno respostas em sua velocidade e para que o Judiciário dê tramitação célere às ações movidas contra a Fazenda Pública, naturalmente morosas dados seus privilégios processuais. Com isso, pretende-se evitar o assoberbamento dos escaninhos judiciários decorrentes da prática diuturna do príncipe de resistir às pretensões, mesmo que legítimas, confundindo esta prática com o zelo pela coisa pública (p. 4).

8. O entendimento jurisprudencial prevalente

Nesse sentido, a jurisprudência de nossas diversas Cortes sobre o tema vem se manifestando majoritariamente contrária ao entendimento das Fazendas Públicas, exposto anteriormente.

Assim, merecem lembrança as seguintes decisões do Superior Tribunal de Justiça a respeito do tema:

> PROCESSUAL CIVIL - EMBARGOS DE DECLARAÇÃO NO RECURSO EM MANDADO DE SEGURANÇA - RECURSO PROTOCOLIZADO FORA DO PRAZO - INTEMPESTIVIDADE - INTIMAÇÃO PESSOAL - FAZENDA PÚBLICA - PROCESSO ELETRÔNICO - ART. 6º, § 5º DA LEI N. 11.419/2006 - EMBARGOS DE DECLARAÇÃO NÃO CONHECIDOS - 1. De acordo com o § 6º do art. 5º da Lei n. 11.419/2006, **as intimações feitas por meio eletrônico, em portal próprio, aos que se cadastrarem na forma do art. 2º desta Lei, inclusive a Fazenda Pública, serão consideradas pessoais, para todos os efeitos legais** - 2. No caso em exame, o acórdão embargado foi disponibilizado no Diário da Justiça Eletrônico/STJ em 29/09/2015, considerado publicado em 30/09/2015 (quarta-feira), nos termos do art. 4º, § 3º, da Lei n. 11.419/2006 (e-STJ fl. 927). A petição dos embargos declaratórios somente foi protocolizada em 14/10/2015, após o prazo legal de 10 (dez) dias, nos termos dos arts. 188 e 536 do CPC - Embargos de Declaração não conhecidos (EDcl no RMS 30.660/RS, 5ª Turma do Superior Tribunal de Justiça, j. 27/10/2015, p. *DJe* 09/11/2015, Rel. Ministro Ribeiro Dantas).

E também:

> PROCESSUAL CIVIL. VIOLAÇÃO DO ART. 535 DO CPC. NÃO OCORRÊNCIA. EXECUÇÃO FISCAL. EXTINÇÃO DO PROCESSO POR ABANDONO DA CAUSA PELO AUTOR. APLICAÇÃO SUBSIDIÁRIA DO CPC AO RITO DA LEI 6.830/80. CABIMENTO. RECURSO NÃO PROVIDO.
>
> 1. Não há violação do art. 535 do CPC quando o Tribunal de origem resolve a controvérsia de maneira sólida e fundamentada, apenas não adotando a tese do recorrente.
>
> 2. É possível a extinção da ação de execução fiscal com base no art. 267, III, do CPC, por abandono da causa. Precedente: REsp 1.120.097/SP, Rel. Min. Luiz Fux, julgado sob o rito do art. 543-C do CPC.

> 3. Não há incompatibilidade entre o dispositivo do Código de Processo Civil que pune a inércia da exequente e o art. 40 e parágrafos da Lei n. 6.830/80, os quais regulam a suspensão do curso da execução, o arquivamento provisório e a prescrição intercorrente, mais voltados à necessidade de estabilizar-se o conflito por imperativo de segurança jurídica do que sanção processual por desídia.
>
> 4. Inerte a Fazenda Nacional ao despacho judicial para dar prosseguimento ao feito, impõe-se o desfecho da extinção da ação fiscal e não o seu arquivamento provisório.
>
> 5. Agravo regimental não provido (2ª Turma; REsp n. 1.248.866/RS; Rel. Min. Castro Meira; v.u.; j. 13/09/2011).

No mesmo sentido foi a decisão proferida em sede de EgRg nos EDcl do REsp 1.351.378/RJ, 1ª Turma, Rel. Min. Benedito Gonçalves, v.u., j. 11/02/2014.

A matéria também foi objeto de análise pelo Tribunal de Justiça do Estado de São Paulo, tendo se verificado várias decisões em apoio à tese aqui sustentada. Assim:

> APELAÇÃO - Execução Fiscal - Intimação da Fazenda Pública por meio do Portal Eletrônico para dar andamento ao feito - Ausência de manifestação - Intimação eletrônica com efeito de intimação pessoal - Inteligência do art. 183, § 1º, do NCPC e art. 5º da Lei n. 11.419/06 - Extinção do processo nos termos do art. 485, III, do CPC - Sentença mantida - RECURSO NÃO PROVIDO (Apelação 0001416-90.2015.8.26.0094, 15ª Câmara de Direito Público, j. 28/06/2018, Rel. Desembargador Fortes Muniz).

Emblemática é a decisão prolatada no seguinte Acórdão:

> Apelação. Execução Fiscal. Imposto Territorial Urbano dos exercícios de 2012 e 2013. Sentença de extinção do processo. Sem resolução do mérito, nos termos do art. 485, III, do CPC/2015. Insurgência da Municipalidade. Pretensão à reforma. Desacolhimento. Intimação por meio eletrônico que equivale à intimação pessoal da Fazenda Pública. Aplicação da inteligência do art. 5º, da Lei n. 11.419/06 e art. 183, § 1º, do NCPC. Abandono da causa configurado. Aplicação subsidiária do art. 485, III, do CPC/2015 às execuções fiscais. Possibilidade. Precedente do STJ. Recurso não provido (18ª Câmara da Seção de Direito Público do Tribunal de Justiça do Estado de São Paulo;

Apelação n. 1508402-09.2016.8.26.0075; Rel. Desembargador Ricardo Cunha Chimenti; j. 27/06/2019; v.u.).

Também merece lembrança a seguinte decisão:

Execução Fiscal. Município de Tupã. Extinção do feito por abandono da exequente. Aplicação do art. 267, III e § 1º do CPC. Reconhecimento *ex officio* do abandono. Admissibilidade. Recurso não provido (15ª Câmara da Seção de Direito Público do Tribunal de Justiça do Estado de São Paulo; Rel. Desembargador Erbetta Filho; j. 18/12/2014, v. u).

Várias decisões de nossas Cortes têm sido prolatadas, no tocante à matéria aqui enfrentada. Certamente há divergências, como é próprio da atividade judiciária, e ainda se verifica a existência da corrente jurisprudencial que aceita a argumentação dos defensores das Fazendas. Entretanto, com a passagem do tempo e com a reiteração da discussão da matéria em nossos Tribunais, verifica-se que tal corrente vem se enfraquecendo, admitindo-se a legalidade e a regularidade da intimação das referidas Fazendas por meio do portal eletrônico. Destarte, a extinção da ação de execução fiscal, por abandono processual (art. 485, III, do CPC de 2015), quando não atendida pelos procuradores a determinação de dar o regular andamento ao feito, tem sido entendida, igualmente, como *legal e regular*.

9. Conclusões

É compreensível que procuradores das Fazendas Públicas estejam lutando para defender os interesses das referidas Fazendas, insurgindo-se contra as sentenças que extinguem ações de execução fiscal em virtude do reconhecimento do abandono processual, nos termos do art. 485, III, do Código de Processo Civil de 2015, nas condições referidas no corpo deste trabalho. Em especial, em face de ainda estar em vigor o disposto no art. 25 da Lei n. 6.830/80 (LEF), que determina a necessidade de *intimação pessoal* do representante da Fazenda Pública, em tais ações.

Compreensível, realmente, posto que devem os mencionados procuradores, no mais das vezes, enfrentar uma carga de trabalho simplesmente gigantesca, premidos, de um lado, pela Lei de Responsabilidade Fiscal, que determina ao administrador público que capte o máximo de receita que lhe for legalmente possível, e, de outro, pela falta de uma estrutura decente para que possam bem desempenhar as suas ingentes tarefas (mesmo as Procuradorias mais bem aparelhadas sofrem, com frequência, pela falta de pessoal, pela sobrecarga e pela infraestrutura deficiente)[8], o que deságua, muitas vezes, na necessidade de manter-se o quanto possível os mencionados privilégios processuais, entre os quais o de sua intimação pessoal (que, decerto, entendem deva ser por meio *físico*, o que os ajuda a ganhar tempo).

Outrossim, conquanto *compreensível* seja a conduta processual das Fazendas Públicas, no que concerne à questão ora discutida, até mesmo por dever de ofício, não mais pode ela ser considerada como correta, sob o prisma técnico-processual, pelo que se acredita que, diante da reiteração da discussão em nossas Cortes, em breve o tema deverá ser objeto de mais atenção e, quiçá, até mesmo de eventual Súmula por parte de nossos Tribunais superiores.

Até então, o que temos, atualmente, é a determinação do parágrafo único do art. 25 da LEF, que diz que a intimação dos procuradores das Fazendas exequentes será pessoal, *sempre que possível;* o § 1º do art. 183 do CPC, que diz que a intimação pessoal far-se-á por carga, remessa ou por *meio eletrônico;* o art. 270, também do CPC, que diz que as intimações realizam-se, *sempre que possível, por meio eletrônico,* na forma da lei; e o art. 5º, § 6º, da Lei n. 11.419/2006, que diz que as intimações feitas pelo portal eletrônico, *inclusive da Fazenda Pública, serão consideradas* pessoais *para todos os efeitos legais,* o que, com a devida vênia dos que pensam diferentemente, é mais do que suficiente para respaldar a correção da intimação dos ditos procuradores por esse novo meio processual.

É de se concluir, assim, com base em tais argumentos, que é cabível a extinção de ações de execução fiscal, onde ocorreu a intimação dos procuradores pelo portal eletrônico, sem que estes tenham atendido às determinações judiciais para dar andamento ao feito,

---

8 Mais uma vez é José Ernesto Manzi que observa existir um dever de colaboração recíproca entre as autoridades, "que não pode ser olvidado pela Fazenda Pública e seus representantes, mesmo que com a intenção de resolver, por meio da astúcia dilatadora de prazos, o que lhes falta em recursos pessoais e materiais; esta questão se resolve com a administração séria, estabelecimento de critérios, priorizações, etc." (p. 4).

redundando em decreto de abandono do processo (art. 485, III, do CPC de 2015).

BIBLIOGRAFIA

ALVIM, Angélica Arruda *et al.* (coord.). *Comentários ao Código de Processo Civil.* São Paulo: Saraiva, 2016.

ALVIM, Eduardo Arruda; GRANADO, Daniel William; FERREIRA, Eduardo Aranha. *Direito processual civil.* 6. ed. São Paulo: Saraiva, 2019.

ALVIM, José Manoel de Arruda. *Manual de direito processual civil.* 18. ed. revista, atualizada e ampliada. São Paulo: Revista dos Tribunais, 2018.

BELTRAME, José Alonso; OLIVEIRA, Régis Fernandes de; STOCO, Rui. *O procedimento na cobrança da dívida ativa da Fazenda Pública.* São Paulo: Revista dos Tribunais, 1981.

GONÇALVES, Marcus Vinícius Rios. *Direito processual civil esquematizado.* 7. ed. São Paulo: Saraiva, 2016.

GRECO FILHO, Vicente. *Direito processual civil brasileiro.* Volume 2: Atos processuais a recursos e processos nos tribunais. 22. ed. São Paulo: Saraiva, 2013.

MARINONI, Luiz Guilherme; ARENHARDT, Sérgio Cruz; MITIDIERO, Daniel. *Novo Código de Processo Civil comentado.* São Paulo: Revista dos Tribunais, 2015.

MANZI, José Ernesto. *A intimação da Fazenda Pública por meio eletrônico equivale à intimação pessoa*l. Disponível em: https://jus.com.br/artigos/12607/a-intimacao-da-fazenda-publica-por-meio-eletronico-equivale-a-intimacao-pessoal. Acesso em: 23 jul. 2019.

MARQUES, José Frederico. *Manual de direito processual civil.* Volume I - Teoria Geral do Processo Civil. 9. ed. São Paulo: Saraiva, 1982.

OLIVEIRA NETO, Olavo de; MEDEIROS NETO, Elias Marques de; OLIVEIRA, Patrícia Elias Cozzolino de. *Curso de direito processual civil.* Volume 1 - Parte geral. São Paulo: Verbatim, 2015.

SILVA, De Plácido e. *Vocabulário jurídico*. 25. ed. Rio de Janeiro: Forense, 2004.

WAMBIER, Teresa Arruda Alvim *et al. Primeiros comentários ao novo Código de Processo Civil artigo por artigo*. São Paulo: Revista dos Tribunais, 2015.